一流の人のさりげない気づかい

中谷彰宏

KKベストセラーズ

気づかれないのが
最高の気づかい、

中谷彰宏

あきひろ

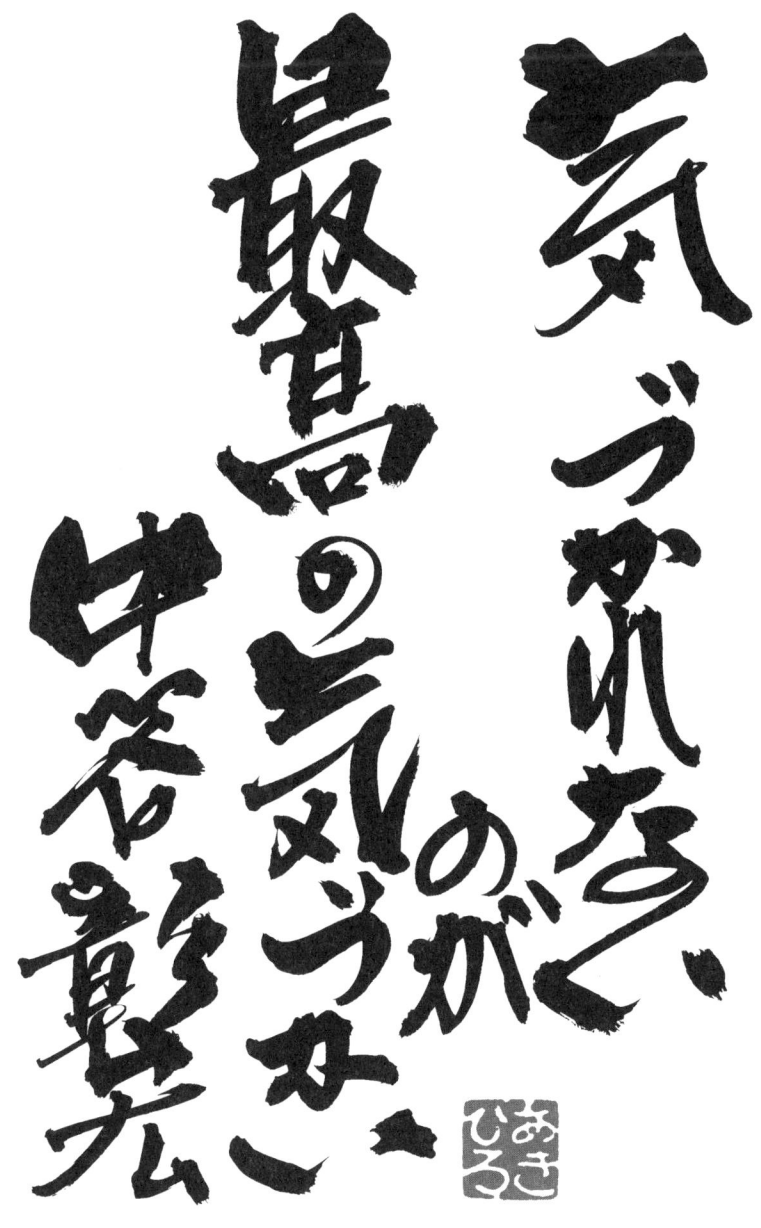

プロローグ

1 何かをしてもらった時 ①

× 「ありがとう」

○ **「やさしい」**

イスにかけていた上着が下に落ちたのを見て、ホコリを払って拾ってくれた人に、

二流の人は、「ありがとう」と言います。

一流の人は、「やさしい」と言います。

「やさしい」と言われたほうが、拾った人はうれしいのです。
「ありがとう」でも違和感は、ありません。
間違いではありませんが、普通の言葉です。

一流と二流の差は、普通の言葉を使うか使わないかです。

一流の人のひと言を聞くだけで、今まで何の違和感もなかった普通の言葉が、突然つまらない言葉になります。

服を拾って渡してくれた人に「ありがとう」は、当たり前です。
「やさしい」は、「ありがとう」も含みながら、その上を行っています。
「ありがとう」は行為の評価です。
「やさしい」は人間の評価です。

行為の評価よりも、人間性を評価した言葉のほうが、相手に刺さるのです。

【この本は、３人のために書きました】

❶自分の言葉づかいのどこに気づかいが足りないのか、わからない人

❷一流と二流の違いに、気づきたい人

❸一流の人がしている気づかいを学んで、一流になりたい人

一流になるための気づかいポイント74

1 「やさしい」

2 「ありがとうございます」

3 「お言葉に、甘えます」

4 「お忙しいのに、ありがとうございます」

5 気持ちのいい「ハイ」

6 「ついでに、やっておきました」

7 「あとで、いいですよ」

8 「○○してもらえると、助かります」

9 「小さいことを頼まれると、うれしいです」

10 「面白い、企画ですね」

11 「○時にできますが、大丈夫ですか？」

12 「電話で、直接聞いてみました」

13 「わかりにくかったので、追加しておきました」

14 「時刻表と地図帳で、調べてみました」

15 「なかった場合、どうしますか？」

16 「最近、ヘルシー志向ですよね」

17 「いつもの、ですね」

18 「○日○時ごろ、届きます」

19 「もっと、○○する手がありましたね」

20 「○○線の電車がとまっているので、○○駅○時○分発の○○線で行くと、○時○分に着きます」

21 「そんなことも、あろうかと」

22 「僕も、よくやります」

23 「空メールでも、うれしい」

24 「私の言い方が、紛らわしかったです」

25 「外出中です」

26「お話しの途中で、切ってしまいました」
27「行きます」
28「初めてです」
29「外も、いいですね」
30「私が、連絡し忘れていました」
31「よそのでなければ、いただきます」
32「また、きます」
33「先に始めましょう」
34「今日は、ごちそうになりました」
35「あ、もうこんな時間」
36「お忙しいのに、ありがとうございます」①
37「お忙しいのに、ありがとうございます」②
38「適当に」

一流になるための気づかいポイント 74

39 「上手すぎないように」
40 「あらら」
41 「一緒に勉強しよう」
42 「もう峠は越えています」
43 「コート、着ましょ」
44 「トイレ、行っていいですか？」
45 「安全運転で行ってください」
46 「なんとなく、わかる感じですか？」
47 「気を使わないで、迷わずカットしてください」
48 「部長、お忘れ物です」
49 「大変ですね」
50 「お荷物になりますので、お送りさせていただきます」
51 「ゴミ、捨てておきます」

52「僕の○○の先生です」
53「○○の達人なんです」
54「大人気なんです」
55「今、かけてみます」
56「よろしくお伝えくださいとのことでした」
57「なんか、変わりましたね」
58「前回お会いした時は、紅葉の季節でしたね」
59「このお店、ちょっと変わってるんですよ」
60「みんな○○に悩んでいるので、楽しみです」
61「今でも、若いじゃないですか」
62「そうなんですね」
63「こんな見方もあると思うんだ」
64「くだらない質問、ありませんか？」

一流になるための気づかいポイント 74

65 「励みになります」

66 「上手くなるコツは、なんですか？」

67 「興味あります」

68 「面白そうですね」

69 「そうお感じになりましたか」

70 「○日か、○日はいかがですか？」

71 「では、こうさせてください」

72 「出られる時、いつでも言ってください」

73 「○○する手が、ありますね」

74 「上司に、かけあってみます」

一流の人のさりげない気づかい【目次】

第1章 普通の言葉を工夫するのが、一流の気づかい。

①何かをしてもらった時①……2
②何かをしてもらった時②……22
③好意をかけられた時……25
④いつも何かをしてもらっている時……29
⑤頼まれごとをした時①……31
⑥頼まれごとをした時②……34
⑦頼みごとをする時①……37
⑧頼みごとをする時②……39

⑨雑用を頼まれた時……41
⑩コピーを頼まれた時……45
⑪大量のコピーを頼まれた時……48
⑫調べ物を頼まれた時……50
⑬地図のプリントアウトを頼まれた時……53
⑭電車の時間を調べるように頼まれた時……55
⑮買物を頼まれた時……58
⑯お弁当を買ってくるように頼まれた時……60
⑰「アレ買ってきて」と頼まれた時……63
⑱文房具を注文するように頼まれた時……65
⑲頼まれた雑用が終わった時……67

第2章 相手に気づかれないのが、最高の気づかい。

⑳ 出張に向かっている上司に、電車事故を知らせる時 …… 70
㉑ 緊急事態の時 …… 72
㉒ 誤送信メールのお詫びをする時〈仕事編〉 …… 75
㉓ 誤送信メールのお詫びをする時〈恋愛編〉 …… 77
㉔ 伝言が伝わっていなかった時 …… 79
㉕ 会議中の上司に電話がかかってきた時 …… 81
㉖ 通話中に携帯の電池が切れた時 …… 83
㉗ 食事に誘われた時 …… 85

第3章　キッカケをつくるのが、一流の気づかい。

㉘ レストランに連れて行ってもらった時（初めてでなくても）……88
㉙ レストランで外の席しかあいていなかった時……90
㉚ レストランの予約がとおっていなかった時……94
㉛ オーダーミスの料理が届いた時……96
㉜ レストランから帰る時……99
㉝ 会食のメンバーが、そろわない時……101
㉞ そろそろ切り上げる時〈接待される側〉……104
㉟ そろそろ切り上げる時〈接待する側〉……106
㊱ パーティーで相手が帰る時……108
㊲ 相手が遅れてきた時……110

第4章 相手の気持ちを楽にさせるのが、一流の気づかい。

㊳ 相手が本番に臨む時 …… 114
㊴ 相手が緊張している時 …… 116
㊵ 誰かが失敗した時 …… 118
㊶ 勉強を促す時 …… 120
㊷ 相手が難しいことにトライしている時 …… 122
㊸ 相手が遠慮して、コートを着にくい時 …… 126
㊹ 相手がトイレに行きたくないか確認する時 …… 129
㊺ タクシーの運転手さんが、新人だった時 …… 131
㊻ 相手がわかったかどうか確認する時 …… 134
㊼ 取材したことが、カットになる時 …… 136

48 持ち主のわからない忘れ物があった時 …… 139
49 飛行機が遅れている時（グランドホステスさんに） …… 142
50 お土産を渡す時 …… 144
51 相手がゴミ袋を持っていた時 …… 147

第5章 相手の小さな望みをかなえるのが、一流の気づかい。

52 知り合いを紹介する時① …… 150
53 知り合いを紹介する時② …… 153
54 知り合いを売り込む時 …… 155
55 知り合いを紹介された時 …… 157
56 上司の知り合いに会った時（頼まれていなくても） …… 161

57 久しぶりの人に会った時 ① …… 163
58 久しぶりの人に会った時 ② …… 165
59 お店を紹介する時 …… 167
60 講師をお招きした時 …… 170
61 「オレの若いころには……」と昔話が始まった時 …… 173
62 何かを教えてもらった時 …… 175

第6章 さりげなく解決案を出すのが、一流の気づかい。

63 相手と違う意見を言う時 …… 180
64 質問を受ける時 …… 182
65 相手にほめられた時 …… 185

⑥⑥ 相手が趣味の話をした時 …… 187
⑥⑦「興味ありますか？」と聞かれた時（興味なくても） …… 190
⑥⑧ 相手が珍しい仕事の話をしてきた時 …… 192
⑥⑨ 話に人の悪口が出てきた時 …… 195
⑦⓪ スケジュールを決める時 …… 198
⑦① お客さまにトラブルが発生した時 …… 200
⑦② 一緒に出ようと言われた時 …… 203
⑦③ トラブルを報告する時 …… 205
⑦④ 企画を会社に持ち帰る時 …… 207

装丁　フォーティーツーデザインオフィス／楠瀬博之

カバー写真　Getty Images

第1章 一流の人のさりげない気づかい

普通の言葉を工夫するのが、一流の気づかい。

2 何かをしてもらった時②

× 「ありがとうございました」

○ 「ありがとうございます」

メールの返事に「ありがとうございました」は普通に使います。

日本語として間違っていません。

「ありがとうございました」よりも「ありがとうございます」です。

「ありがとうございました」と過去形で言うと、「ハイ、あなたの話はもういいです」になります。

「いつも面白いお話をありがとうございました」は「あなたの話はこれで切ってく

ださいね。締めましたから」という拒絶です。

シャッターをおろす言葉です。

「いつも面白いお話をありがとうございます」と言えば、「それからね、こんな話もあるんだよ」と、相手も話しやすくなります。

過去形と現在形で、使い方が違うのです。

長いスピーチには「社長、すばらしいメッセージをありがとうございました」で断ち切ります。

「早く席に戻ってください」という意味です。

ここで「ありがとうございます」と言うと、続けられてしまうからです。

結婚式の司会が「ありがとうございました」になっていることがよくあります。

「ありがとうございます」のほうが、もっと聞きたいという感じが、相手に伝わります。

メールでも「本を送ってもらって、ありがとうございました」と書くと、話がそこで終わります。

贈った本を読まないことが、見えてしまうのです。

「本を送っていただきまして、ありがとうございます。早速読み始めました」と言うほうがいいです。

「早速読みます」だと、いつ読むかわかりません。怪しい感じがします。

私は「早速読み始めました。面白いですね」と送ることにしています。

3 好意をかけられた時

×「遠慮します」

○「お言葉に、甘えます」

好意をかけてもらって、何かもらったり、ごちそうになる時に、まじめな人は「遠慮します。もったいないです」と断ります。

好意は、快く受けとるのが一番の気づかいです。

高齢者は、何かにつけアメやおこずかいをくれます。

自分より稼いでいる人にも、おこずかいをくれます。

あげることを喜んでいるのです。

その時は、「お言葉に、甘えます」という言葉を覚えておくことが大切です。「ありがとうございます」よりも「お言葉に、甘えます」です。

「お言葉に、甘えます」を自分の言葉にして、使うのです。

「お言葉に、甘えます」のように、意味はわかっていても、なかなか使えない言葉がたくさんあります。

「ごきげんよう」の意味は誰でもわかります。

「ごきげんよう」は、ハワイでの「アロハ」と同じで、「こんにちは」と「さようなら」のどちらの意味も入っています。

どういう意味で使われるかはわかっていても、自分の言葉としては、恥ずかしくてなかなか使えない言葉です。

学習院の児童・生徒は「ごきげんよう」と言って正門を入ります。

帰る時も「ごきげんよう」です。

守衛さんは、「ごきげんよう」と迎えて、「ごきげんよう」と送り出します。

毎日のように使っているから、「ごきげんよう」を言うことが、恥ずかしくないのです。

ふだん使わない人は「ごきげんよう」と言ったあとで、照れくさくて「プッ」と吹き出します。

「ごきげんよう」は、知っていてもなかなか使えない言葉です。

英語ができる人は、知っている言葉の数と使える言葉の数の落差が小さいのです。

英語ができない人というのは、知っている言葉は膨大《ぼうだい》にあるのに、使える言葉が少ないのです。

日本人は、受験英語はできても会話ができません。

気づかいも同じです。

「お言葉に、甘えます」という言葉は、知っていても使えなければ、チャンスを失います。

「遠慮します」は、言われるとショックです。

拒絶感があるのです。

誰かに缶コーヒーを買ってきてあげるのも気づかいですし、その缶コーヒーを受けとるのも気づかいです。

二流の人は、「いくらですか?」と財布を出して、「ハイ、120円」と手渡しします。「あなたから缶コーヒーを受けとる恩義はない。そういう関係にはない。ヘンなプレッシャーは感じたくないから、お金を払うことでチャラにしておきたい」ということです。

缶コーヒーを買ってきてもらったら、「お言葉に、甘えます。うれしいです」と言って受けとるのが気づかいなのです。

4 いつも何かをしてもらっている時

×「マメですよね」

○「お忙しいのに、ありがとうございます」

何かをしてもらった時に、ほめ言葉のつもりで「マメですよね」と言う人がいます。

「マメですよね」は、ほめ言葉になっていません。

「マメですよね」は、本人が喜んでしているということです。

本人は「別にマメじゃないよ」と思っています。

私がお豆腐屋さんだったら、お豆腐をあげたいです。

私は本を書く人間なので、本をあげたいのです。

本を贈るのは、面倒くさいことです。

私は好き嫌いが、激しいです。

その私が、好意があってしているのです。

「マメですよね」は「みんなにもしていますよね」ということです。

自分に対して、特別にしてくれているという感謝の念がありません。

人に本を贈るのが、好きなわけではないのです。


ほめ言葉は「マメですよね」ではなく、「お忙しいのに、ありがとうございます」のほうが「私に特別にしてくれて、うれしい」ということが伝わります。

相手をほめた時に、一番がっかりする返答は「みんなにもそう言っているんでしょう」です。

何かをしてもらった時の感謝の言葉が、実はズレているというのは、言われる側になって初めてわかることなのです。

5 頼まれごとをした時①

× 気持ちの悪い「ハイ」

○ 気持ちのいい「ハイ」

返事の「ハイ」には、

①気持ちのいい「ハイ」

②気持ちの悪い「ハイ」

の２通りがあります。

私は空手部でした。

道場は、返事にうるさいです。

「ハイは？」といつも叱られてきました。

道場で叩き込まれているので、明瞭な「ハイ」を言うクセがつきました。

ちょっと浮くぐらいの「ハイ」です。

ラジオのパーソナリティーを始めたころ、ヘッドホンから聞こえてくるディレクターの指示に、言わなくていい「ハイ」を常に言っていました。

人に物を頼まれた時の「ハイ」で、受ける印象は大きく変わります。

「ハイ」のトーンが違うのです。

厳しく「ハイ」を叩き込まれるのが、運動部のいいところです。

気持ちのいい「ハイ」が大切です。


二流の人は、「私はハイと言っています」と言います。

頼んだ側は、気持ちのいい「ハイ」か、「はーい」という暗い返事かで印象が分かれるのです。

「ハイ」や「おはよう」は誰でも言える日本語です。

英語の発音のような注意は払いません。
誰でも言えることほど「私、言いました」ということがよく起こります。
最近は、イントネーションがフラットになっています。
フラットになると、トーンが暗くなります。
ヤル気があっても、ヤル気のない声に聞こえるのです。
ネット社会になって、メールで挨拶していると、声の挨拶が減ります。
声で挨拶する回数が減ると、発音がフラットになります。
ウグイスは、親から鳴き方を教わります。
部下に「ハイ」を教えるには、上司がウグイスの親になることが大切です。

6 頼まれごとをした時 ②

× 「それならそうと、言ってくださいよ」

○ **「ついでに、やっておきました」**

「二度手間になって悪いんだけど、これもやってくれるかな？」という頼まれごとがあります。

「ゴメン、一回で言えばよかったな」というのは、やさしい上司です。

頼まれた側が、ちょっとムッとしたので「ゴメンね」と言っているのです。

一流の人は「ついでに、やっておきました」と言います。

先回りして行動することを考えます。

気づかいができると、自分の二度手間を防げるのです。

気づかいをしない人は、よけいなことまでする必要はないという省エネ感覚で、かえって自分の移動距離を増やしています。


「また行かないといけないの？」ということが、夫婦間にもよくあります。

「帰りにコンビニでトイレットペーパーと卵を買ってきて」と奥さんに頼まれます。

いつもはトイレットペーパー、卵、牛乳がセットです。

一流の人は「牛乳を言わなかった。大丈夫なのかな」と思って、「牛乳、大丈夫？」と聞きます。

または、頼まれていない牛乳を買って帰ります。

これで自分の二度手間が、防げるのです。

二流の人は、帰宅して服を脱いでいる時に、「アッ、牛乳もないから、買ってきてくれる?」とまた頼まれて、ゲンナリします。

奥さんに問題があるのではありません。

頼む側は、「私、言わなかったっけ?」と平気で言います。

頼まれる側が先回りして、言い忘れている牛乳を買っていくのが気づかいです。

「それならそうと一度に言ってよ」とは言わずに、「ついでに、これもしておけばいいな」ということをするのです。

帰宅してから、また「牛乳を買ってきて」と言われると、ムッとなります。

ムッとしている時は、動作が鈍ります。

ムッとしながら牛乳を買いに行って、帰ってくると今度は「ポン酢がなかったわ」と言われます。

ムッとしないで前がかりになっていれば、「牛乳を買ってくるよ。聞けばよかったな」と言いながら冷蔵庫をあけます。

「ポン酢が残り少ないね」と在庫確認もして、ついでに買ってくることができるのです。

ムッとするのは、エネルギーのムダづかいなのです。

7 頼みごとをする時①

×「まだですか？」

〇「あとで、いいですよ」

キャビンアテンダントは、お客様に頼みごとをされます。

サービスマンは、機械ではなくて、人間です。

早くしてあげたくなるお客様と、いつも通りのスピードでサービスするお客様とに分けたくなることがあります。

頼んだ物がこない時、お客様は、「まだですか？」と言ったほうが早くなるような錯覚をしています。

「ウーロン茶を頼んだのですけど、まだですか?」は間違ってはいない言葉です。

「大変。早くしよう」と思っている時に、その隣で「あとでいいですよ」と言う人がいたら、「あとでいいですよ」と言ってくれた人を優先してあげたくなります。

「まだですか?」と言う人は、サービスする側がてんてこ舞いしている状態が見えていないのです。

「今、忙しそうですから、あとでいいですよ」と言う人は、てんてこ舞いしている人にとって味方に感じます。

誰から先にサービスするかということになったら、味方からです。

「あとでいいですよ」と言ったほうが、結果として早くなります。

「まだですか?」というのは、急いでウーロン茶が飲みたいわけではないのです。

「私は忘れられているのではないか?」という強迫観念から、「まだですか?」と言うのです。

普通のオーダーでも、怒っているように聞こえてしまうのです。

8 頼みごとをする時 ②

×「○○してください」

○「○○してもらえると、助かります」

「○○してください」はよくある言い方です。

一流の上司は部下に「○○してもらえると、助かるんだけどな」と頼みます。

「いつまでにしたらいいですか？」に、二流の上司は「今日中にして」です。

一流の上司は、「今日中にしてもらえると、助かるんだけどな」です。

人間は、仕事があまり好きではないのです。

人を助けるのは、好きです。助けることは、進んでしたいのです。

仕事も助けることも、していることはまったく同じです。

大量のコピーを「とっておいてもらえると、助かるんだけど」と頼むのは、下から出ています。

これは、人助けです。

「これ、やっておいてくれる?」は命令です。

「助かります」という言い回しを自分のボキャブラリーに入れるだけで、同じ頼みごとでもぜんぜん違ってくるのです。

助けることで、人はモチベーションが上がります。

命令されることは、モチベーションが下がります。

命令する人からは、逃げ回るようになるのです。

コピーを持ってウロウロしているだけで、サッと周りから逃げられているのです。

9 雑用を頼まれた時

× 「それぐらい、自分で」

○ 「小さいことを頼まれると、うれしいです」

頼みごとには、

① 小さい頼みごと

② 中ぐらいの頼みごと

③ 大きい頼みごと

の3つがあります。

ほとんどは、中ぐらいの頼みごとです。

「それ、難しいよね」というのが、大きい頼みごとです。

「クリスマスに人気のレストランをとって」というのは、大きい頼みごとです。


小さい頼みごとは、「このゴミを捨てておいてくれる？」というものです。

頼まれる側は、「誰でもできること」よりは、「自分にしかできないこと」を頼まれたいものです。


帰国子女の社員が「ゴミを捨てるためにMBAをとってきていません。一応ハーバード出なんですけど」と言いたくなるのは、小さい頼みごとだからです。

「東大を出て、なんでゴミを捨てないといけないんですか。産業廃棄物だったら私の専門です」と言う人が「ペットボトルを捨ててきて」と頼まれるとカチンときます。

誰でもできることをしても、評価にならないと思っているからです。


人間は、誰にでもできる小さい仕事ほど、自分が心を許している相手に頼みます。

嫌いな人には、頼みません。

誰に頼んでもいいようなことほど、好きな人に頼みます。

小さい仕事をどれだけ頼まれるかです。


小さいことを頼まれた時、二流の人は「それぐらい自分でしてくださいよ」と言います。

「ゴメンね、こんな小さなことを頼んで」と言われたら、一流の人は「小さいことを頼まれると、すごくうれしいです」と言います。

「タバコ、買ってきてくれる？」も、小さい頼みごとです。

私の師匠は「タバコ、買うてきてくれ」とよく言いました。

私は、頼まれた瞬間に、ファミリーの一員になれたと感じました。

「コピーを1枚とってきてくれる？」というような小さなことに、機能は関係ありません。

「英語ができるなら通訳してくれる？」というのは、個人ではなく、機能で頼まれています。

「タバコ、買ってきてくれる？」も誰でもできることで、機能は関係ありません。

愛されている人が、選ばれるのです。

そこで「はーい」という間延びした返事をすると、次からは頼まれなくなってチャンスを失います。


自分の部下に、小さな頼みごとをどれだけできるかも重要です。

これが気づかいです。

頼まれた側は、うれしいのです。

頼みごとは、ひとりに集中します。

気づかいのできる人に、すべてが集中するのです。

愛される人が、伸びるのです。

10 コピーを頼まれた時

×「コピー、できました」

○「面白い、企画ですね」

上司からコピーをとるように頼まれたら、普通は「コピー、できました」で終わりです。

一流の人は、コピーを渡しながら「面白い、企画ですね」と言います。

コピーとりは、面倒くさい作業です。

誰がとっても同じです。

中味を読まずに、上下を間違えていないか、ページが抜けていないかだけ見てコピーをとります。

自分も忙しいのです。

人の企画書など、読む必要はありません。

そういう物に目を通していることが、気づかいになるのです。

企画をつくった人は、常に心配しています。

広告代理店では、みんなバラバラに企画の仕事をしています。

兄弟子がイスをコロコロッと転がしてきて、

「中谷君、この3つのうち、どれがいいと思う?」

「僕はこれですね」

「やっぱりそれか」

というやりとりが、大切な企画会議になるのです。

自分ひとりで企画を練っていると、ひとりよがりになる危険性があるので、ヒアリングするのです。

「こいつの感性はいい」という身近な人にひと言聞いて、「面白いと思います」と言われることが大きな自信になります。間違っていないと思えるのです。

コピーをとって、「できました」と言って渡すと「ありがとう」で終わりです。何も聞かれなくても「勝手に中味を読ませてもらいましたけど、面白いですね。僕はA・B・CのうちC案が好きですね」と言うと、次から、「どう思う?」と聞いてもらえるようになります。

これで、チャンスをつかめるのです。

しなくてもいい仕事をするのも、気づかいです。

コピーを頼まれただけで、「どれがいい?」とは聞かれていません。

中味を読むのは、よけいな仕事をしています。

企画を考えている人は、誰もがいつも不安です。

100人にアンケートをとるよりも、ひとりの意見をフワッと聞きたいのです。

ひと言で、背中をポンと押してあげるのが気づかいなのです。

11 大量のコピーを頼まれた時

× 「急ぎですか？」

○ 「○時にできますが、大丈夫ですか？」

仕事を頼んだ側は、「急ぎですか？」と言われると、ムッとなります。

「急ぎですか？」と言われたら、「別に急ぎではないけど」と口ごもりながら、内心「エーッ？」です。

「急ぎですか？」は「私、忙しいんですけど」という拒否の言葉に聞こえます。

拒否していなくても、頼んだ相手は、拒否されたように感じるのです。

「急ぎですか？」と聞く人には、次から頼まなくなります。

「○時までにできますけど、その時間で大丈夫ですか？」と言われれば、仕事を頼んだ側は安心します。

自分のスケジュールが立てられます。

「今、忙しいんですけど、急ぎですか？」という、相手を拒否したような言い方をしない人が、仕事を頼まれるのです。

仕事を頼まれる人が伸びるのです。

12 調べ物を頼まれた時

× 「ネットには、ありませんでした」

○ 「電話で、直接聞いてみました」

広告代理店では、「○○があるかどうか調べてくれる？」という調べ物がよくあります。

私もよく頼まれました。

私がいたころは、まだインターネットがなかったので、電話をかけまくりました。

今はネット社会です。

「ありませんでした」という答えが、すぐに返ってきます。

ネットで調べて、なかったら「ない」と言うのです。

これがネット社会の怖さです。

ネット社会で育っている人は、ネットになければ世の中にないと思っています。

世の中の物が、すべてネットで見つかるという思い込みをしているのです。


ネットで見つけられない本は、無限にあります。

街の本屋さんのほうが、ネットにないような、マニアックな本をおいています。

古本屋さんではなく、普通の本屋さんに「こんな本があるのか？」という本が並んでいるのです。

ネットは、とてつもなく広い世界です。それでも、実際の世界のごく一部分にすぎないことを、ネット社会の人は気づいていません。

「ネットで調べたんですけど、なかったので、電話をかけて聞いてみました」というのが一流です。

ホテルの予約は、ネットでは売切れになっていても、ダイレクトにホテルに電話をかけると、とれることがあります。

すべての部屋が、ネットに出されているわけではないのです。

二流の人は「ホテルをとっておいて」と言われて、ネットで売切れだったら「売切れでした」と答えて終わりです。

「電話をかけてみた？」と聞いても、「ネットで売切れと出ているのだから、かける必要はないでしょう」と言います。

かけてみたら、たまたま空室が出たということもあるのです。

たまたま出た空室情報は、ネットにすぐ反映されません。

ダイレクトにホテルにかけても「いっぱいです」と言われることがあります。

それでも、キャンセル待ちをする、キャンセル料が発生する、2日くらい前からキャンセルが出始めます。

「キャンセル待ちできますか？」と言うと、通常はできないことでも、なんとかしてくれることがあります。

「キャンセル待ちを1番で入れておきました」というのが気づかいです。

そうした行動がとれるか、ネットですべてを片づけるかの違いがあるのです。

13 地図のプリントアウトを頼まれた時

×「地図、出しておきました」

○「わかりにくかったので、追加しておきました」

何かを頼まれた時に、二流の人は、言われたことだけをします。

「ここの会社に行くから地図をプリントアウトして」と言われて、先方のサイトにある地図をプリントアウトして終わりというのは、プリントアウトだけを目的にしています。

地図には、わかりにくいものが多いのです。

サイトに出ている地図は、自分の会社を大きく書きます。

オシャレなデザインすぎて、わからないものもあります。

レストランの地図は、クレヨンでサッサッと引いた線です。

裏道に入ったところなのに、大きな道に面しているように書かれています。

自分が頼んだ側のつもりで見ると、この地図では目的地にたどり着かないことがわかります。

わかりやすい地図も追加して添付するのが、一流の気づかいです。

「ついでに電車の時間も調べておいて」と頼まれて、乗りかえ方法と時刻を見て、もう一度地図を見ると、最寄駅が入っていません。

県が全部入った地図が添えてあってもわかりません。

縮尺のどこからどこまで入れるかを考えてプリントアウトするのが当事者意識です。

プリントアウトしたあとで、「しまった。駅が入っていなかった」ということがあります。

プリントアウトの仕方で、あらかじめ地図を確認したかどうかがわかります。

14 電車の時間を調べるように頼まれた時

× 「ネットで検索しました」

〇 **「時刻表と地図帳で、調べてみました」**

ネット社会だからこそ、気づかいのチャンスが生まれます。

みんなが、ネットで何かをしようとします。

ネットは便利です。

便利な分、網の目のスキ間に落ちる不運なテキサスヒットが出ます。

そこに気づかいのチャンスが生まれるのです。

電車の時間もネットで調べられます。

「今度○○へ出張するんだけど、調べておいて」と言われた時に、ネットの情報だけでは一番いい経路は出ません。


わかりやすい例が、三河安城《みかわあんじょう》です。

三河安城は、新幹線の「のぞみ」で名古屋まで行って戻ると、40分早く着きます。

これはネットでは出ません。

ネットで検索すると、料金がかかるという理由で「こだま」しか出ないのです。

二流の人は、便利なネットで検索します。

路線の検索サイトは、たくさんあります。

一流の人は、時刻表と地図帳を使います。

時刻表を読み、地図帳を見るというアナログ方式で、さらに三河安城駅よりも目的地に近い駅を見つけます。

ホテルの予約をネットだけでなく電話で確認する要領で、出張先に電話をかけると、最寄駅が三河安城以外にもあることがわかります。

名古屋から在来線で回ったほうが、早いのです。

上司は、時間が命です。

プラスでかかる料金の４０００円よりも、朝の40分のほうが貴重です。

タラタラ行くより、早く着くほうが精神的にもいいです。

その時は、「『こだま』で行ったらこの時間になります。料金は４０００円プラスになりますけれども、40分早く着く『のぞみ』で名古屋まで行って引き返す経路があります」という選択肢を出せるのが、一流の気づかいです。

ネット検索だけでなく、時刻表を見て名古屋から引き返した場合どうなるかを調べるのは、そんなに複雑な作業ではありません。

デジタル社会になればなるほど、デジタルで落ちている部分をアナログで見返すことで、逆転のチャンスが生まれます。

15 買物を頼まれた時

× 「ありませんでした」

○ 「なかった場合、どうしますか？」

上司に「アレ買ってきて」と買物を頼まれて、素直な人は「わかりました」とすぐに買いに行きます。

頼まれた物が、ない場合があります。

買いに出て「ありませんでした」と帰ってきます。

一流の人は、頼まれた物がない場合を最初に想定して、「わかりました。なかった場合はどうしますか？」と聞きます。

ひと言確認するだけで、まったく変わるのです。

二流の人は、まじめです。指定された物でないと、いけないと思ってしまうのです。

頼んだ人は、「買ってきて」と頼んだ文房具やお弁当にこだわっているわけではありません。

「○○はありませんでした」と言われて、頼んだ人が「エーッ」とがっかりすると、「コンビニを何軒も回ったんですよ」と言います。

大切なのは、コンビニを何軒も回ることではありません。

２番手の物をかわりに買ってきてもらうことです。

二流は、コンビニを何軒も探しまわることで一生懸命に頑張っています。

気づかいは、一生懸命頑張ることではありません。

相手の求める物がない時でも、できるだけ近い代替案を出していくのが、気づかいです。

16 お弁当を買ってくるように頼まれた時

× 「ガッツリ系、買ってきました」

○ **「最近、ヘルシー志向ですよね」**

お弁当を買ってくるように頼まれて、上司の好きないつものガッツリ系を「ハイ」と渡すと、「オレ、最近ダイエットしているの、知ってるよね？」と言われます。「前はガッツリ系を買ってこいと言ったじゃないですか」と言っても、「最近ガマンしてるのを見てないんだね」ということになります。

一流の人は「ヘルシー志向ですよね」と言ってヘルシー系のお弁当を買います。

これが観察です。

観察とは、小さな変化に気づくことです。

「この人は、コレ」と決めないことです。

まじめな人は、一回インプットすると更新しません。

お弁当を頼んだ上司は、健康診断で引っかかって、ドクターストップでメタボ脱出を頑張っているのです。

前まで好きだった、揚げ物中心の茶色いガッツリ系のお弁当を買って行ったら、「嫌がらせか？」ということになります。

細かい指示が出る前に、小さな変化に気づいているのが気づかいです。

「こういうお弁当があるんだね。これなら満腹になって、なおかつヘルシーだ」というお弁当を見つけてくると、「こいつ、オレのことをわかってくれているんだな」と思います。

どんなお弁当を買ってくるかで、気づかいがあるかどうかがわかるのです。

プレゼントを贈る時は、相手が何年も前に言っていたことを覚えていると喜ばれます。

「誕生日は○月○日でしたね」「結婚記念日は○月○日でしたね」は、観察力ではなくて記憶力です。

それよりも、小さな変化に気づいていくことです。

人間は変わります。

大切なのは、記憶を更新していくことなのです。

17「アレ買ってきて」と頼まれた時

× 「なんでしたっけ？」

○ **「いつもの、ですね」**

上司は「アレ買ってきて」とよく言います。
「アレ」しか言わないのです。
部下は「なんでしたっけ？」を言った瞬間にアウトです。
「いつもの、ですね」と言えることが大切です。
気づかいで大切なのは、オブザベーション（観察）とメモリー（記憶）です。
上司がいつも買っている物を見ていないと、頼まれた時にわかりません。

気づかいができる人は、仕事ができます。
仕事とは、観察と記憶です。

そこに、もうひと言を入れられるのです。
タバコの銘柄は、いつも見ていればわかります。
そのつど、タバコの銘柄が変わることはありません。
「スタバでアレ買ってきてくれる?」と言われたら、「何を買ってきましょうか?」
ではなく、「いつも飲んでるの、ですね」が観察力です。
「見ろ」と頼まれていないことを見るのが、観察力です。
「あれをよく見ておけ」と言われたことを見るのは、観察力とは言わないのです。

18 文房具を注文するように頼まれた時

×「発注しました」

○「○日○時ごろ、届きます」

アスクルで文房具を注文するということは、急ぎです。

「○○を頼んでおいてくれた？」と聞かれると、二流の人は「発注しておきました」と答えます。

間違ってはいません。

一流の人は「明日の12時ごろ届きます」と答えます。

注文した物が届く時間によって、その後の作業も変わるのです。

使う人のことを考えて「○日の○時に届きます」と言うのを習慣にします。

「『○日の○時に着く？』と聞いてくれればいいじゃないですか？」と言うのは気づかいが足りません。

相手が聞かなくても、これを知りたいのではないかということを言うのが、気づかいです。


野球では、受けとったボールをすぐほかの塁へ回します。

動きが習慣になっています。

発注した物の納品予定時間を伝えてもらえると、頼んだ人は安心します。

納品が明日の12時なのか、今日中なのかで対応は変わります。

遅いか早いかではないのです。

このあとの自分は、どう対応すればいいのかがわかることが大切なのです。

19 頼まれた雑用が終わった時

×「できました」

○「もっと、○○する手がありましたね」

二流の人は、作業が終わると「できました」で終わりです。
かなり頑張ったつもりになっています。
一流の人は、常に改善点はないかを考えています。
「もっとこうする手がありましたね」と反省している人には、今回はダメでも次もこの人に頼もうと思えます。

気づかいのある人と一緒に仕事をしたいのです。

仕事を頼みたい人、雑用を頼める部下が、仕事のパートナーになります。プロジェクトチームに入れてもらえるし、仕事を頼まれて出世します。

「できた。すごいでしょう」と仕事を自慢するのではなくて、「もっとこうする手があったな。次はもっとこうしよう」という改善点を持つことです。

たとえば、コピーを頼まれた時、「コピー、できました」で終わらせないで、「この2行だけポロッとこぼれているのは、前のページに足せばよかったな」というアイデアを持っていることが大切なのです。

一流の人のさりげない気づかい 第2章

相手に気づかれないのが、最高の気づかい。

20 出張に向かっている上司に、電車事故を知らせる時

×「至急、連絡ください」

○「○○線の電車がとまっているので、○○駅○時○分発の○○線で行くと、○時○分に着きます」

出張で車中の上司に電車の事故を知らせたい場合、「至急、連絡をください」という伝言をすると、上司は不安になります。

何があったのか、連絡がつくまで上司は頭のなかであれこれ考えます。

「○○線が事故でとまっているので、○○駅で○時○分発の○○線に乗ると、○分に着いて間に合います」という連絡を入れるのが一流の気づかいです。

上司が知りたいのは、事故があったかどうかではありません。

電車の遅延に巻き込まれずにすむように、到着予定時刻に間に合う迂回《うかい》ルートを教えてもらいたいのです。

「至急、連絡下さい」は、連絡した人もパニックになっています。

何に乗りかえればいいか、上司と5回ぐらいやりとりしてやっと出てくるのは、二流です。

一発ですませるのが、一流の気づかいなのです。

21 緊急事態の時

× 「こんなことが、あるなんて」

○ 「そんなことも、あろうかと」

緊急事態が起こると、二流の人は「まさか、こんなことがあるなんて」と言います。
一流の人は「そんなことも、あろうかと」と、用意していた物を出します。
偶然持っていたのではありません。

偶然では、「そんなことも、あろうかと」という場面に当たりません。

いつもムダにたくさん持っていて、いつもムダになっているのです。

ムダなことをするのが、気づかいです。


カメラマンは、レンズが割れることもあろうかと、いつも他を用意しています。

ライターは、取材の時にレコーダーが壊れることもあろうかと、常に予備を用意しています。

プロフェッショナルは「こんなことも、あろうかと」という物をいつも常備しているのです。

それだけ、過去に手痛い目に遭っているのです。

失敗例の多さが、気づかいの量を増やしています。


仕事では、「こんなことが、あるなんて」ということが起こります。

ふだん、ムダなことをどれだけできているかです。

用意して、いらなかったら、持って帰ってくればいいのです。

100個のうち99個は、役に立たないつもりでするのが気づかいです。

相手に気づかれないのが、最高の気づかいです。

気づかれるためにする気づかいは、これ見よがしです。

これ見よがしな気づかいをする人は、気づかれない気づかいをしなくなります。

気づかいは、CGと同じです。

「あのCG、すごいよね」と言われている時点で、CGだとバレています。

「どこがCGだったの?」と言われるのが、最高のCGなのです。

22 誤送信メールのお詫びをする時〈仕事編〉

× 「大丈夫です」

○ **「僕も、よくやります」**

仕事の誤送メールは、送った側が一番ヒヤッとします。
仕事の信用にかかわります。
二流の人は、誤送メールが届くと、「間違って送っていますよ」と連絡します。
肝心なところに届いていないことに、送信者が気づいていないと思うからです。
一流の人は、「間違って送っていますよ」という連絡はしません。
情報化社会では、届いていなければ、連絡が行きます。

誤送信メールの対応で大切なのは、あとをぎくしゃくさせないことです。

誤送信メールは、送った側と受けとった側の関係をぎくしゃくさせます。

送った側のほうが、ぎこちない思いをします。

受信側は、知らんぷりをしていればいいのです。

誤送信ではなくて、未送信だったという解釈をしてあげるのが一流です。

誤送信に気づいた送信者から「すみませんでした」とメールがきたら、「僕も、よくあります」と返します。

これで、相手もラクになります。

「メールは削除してください」に「もう削除しました」というのが、一流の人の気づかいなのです。

23 誤送信メールのお詫びする時〈恋愛編〉

×「大丈夫です」

○「空メールでも、うれしい」

恋人間での誤送信メールは厄介《やっかい》です。

誤送信メールの返事に「誰と間違えているのかな?」は、もう怒っています。

「誰と間違えているのかな?」と返すことで、ケンカしないですむ相手とも別れ話になります。

「誰かと間違えていますよ」は怖い言葉です。

メールは、口頭に比べて伝わる情報量が10分の１です。

ニュアンスが伝わらないのです。

やさしく「誰かと間違えていますよ」と伝えても、受けとった側は「怒っている」と感じるのです。

二流の人は、「大丈夫です」という△の返信をします。

送られてきた事実のあとで大切なのは、相手をラクにしてあげることです。

「誤送信メールでも空メールでもうれしいから送ってください」が○です。

時々、空メールがくることがあります。

空メールを送ったことは、相手もわかっています。

「空メールですよ」と返さなくてもいいのです。

すぐ「空メールですよ」と送ると、怒っている感じで相手に伝わります。

情報化社会で、誰もがせっかちになっています。

返事が遅いとイラッとするし、誤送メール、空メールにもイラッとします。

ここに気づかいのチャンスが生まれるのです。

24 伝言が伝わっていなかった時

×「言いましたよね」

○「私の言い方が、紛らわしかったです」

上司、部下、同僚、お客様、誰にでも伝言ミスはあります。
言った言わないの水かけ論になります。
伝わっていないことは、事実です。

二流の人は、「言いましたよね」と言います。

一流の人は、「僕の言い方が紛らわしかった。ゴメン」と言います。

あとがスムーズに運ぶ気づかいが、できるのです。

「言ったよね」と言うと、リカバリーが遅れます。


気づかいは、人間的、道徳的にすぐれていることではありません。

利益を生み出し、きわめて効率のいいことです。

「私の言い方が紛らわしかった。ゴメンね」と言うと、次から相手はもっと気をつけて聞くようになります。

「何度言ったらわかるんだ。前もあったよね」と言うと、仕事を丁寧にしなくなります。

耳がふさがってしまうのです。

人間の耳は、聞きたいことを聞いて、聞きたくないことは聞こえなくなります。

選別性があるのです。

「言ったよね」と言う人の指示は、耳に入らなくなってしまうのです。

25 会議中の上司に電話がかかってきた時

×「会議中です」

○「外出中です」

上司の会議中に社外から電話があった時、普通は、「ただいま会議中でして」と応対します。

これは違和感のない応対ですが、二流です。

一流は、「ちょっと外出しておりまして」と言います。

社外からの電話が、それほど急な連絡や重要な用件ではなかったとしても、会議は社内の都合です。

お客様や協力関係にある人にとっては、社内の用件を優先された感じがします。

外出なら仕方がありません。

「戻りましたら折り返しご連絡させていただきます」「伝えておきます」と言うことで、上司の印象もよくなります。

「会議中です」に続けて、うっかり「お急ぎですか？」と聞くことがあります。

上司にも、話したい人と話したくない人がいます。

「急ぎなんだけど」と言われて上司に電話を回すと、「おまえ、なんでつなぐの」と言われます。

「会議中」と言うと、逃げ切れなくなります。「外出中」なら融通《ゆうずう》がききます。

部下は、上司の秘書役です。秘書は気づかいしてナンボの仕事です。

上司が話したい相手かどうかわからなければ、上司に聞いて、すぐコールバックしてもらえばいいのです。

26 通話中に携帯の電池が切れた時

×「切れてしまいました」

○「お話しの途中で、切ってしまいました」

以前にくらべて電波の状況がよくなっても、新幹線のなかやトンネルでは、話し中に携帯電話が切れます。

二流の人は、かけ直して「電話が切れてしまいました」と言います。

これは「あなたの電話が切れましたよね」に聞こえることがあります。

携帯電話に慣れて、社内電話の回線を回すのが、みなヘタになっています。内線電話を回そうとして、切ってしまうことが多いのです。

「切れちゃったんですけど」という声には、ムッとした感じが出ます。

「すみません、お話の途中で切ってしまいました」と言って、自分が切ったことにすれば、相手に負担をかけません。

こちらから切ってしまったと感じている人は、相手のほうが切ったのかもと思うことで、ホッとすることがあります。

相手が責任に感じていることを、ホッとさせてあげるのが、気づかいなのです。

27 食事に誘われた時

×「もう食べました」

○「行きます」

食事は、ごはんを食べることではありません。

「メシに行くぞ」と言われて、二流の人は「もう食べました」と言います。

「食事でしょう。私は食べました。どこか間違っていますか？」と言うのは、「食事」イコール「ごはんを食べること」という直接的な意味にしかとっていません。

上司の「メシに行くぞ」は、「おまえと話がしたい」という意味です。

「飲みに行こう」と誘われて「アルコールは飲めませんので」と言うのは、二流の人の言葉です。

お酒を飲みに行くのではなくて、「あなたと話がしたい」と言っているのです。

言葉を履き違えていると「もう食べました」「お酒は飲めません」と言います。

「食べたけど行きます」も言わなくていい言葉です。

「行きます」と言って、「変な時間に食べてしまったので、軽い物をいただきます」と言えばいいのです。

食べることが目的ではありません。

一緒に行って話すことです。

これが気づかいです。

「もう食べました」と言うと、二度と誘われなくなるのです。

第3章

キッカケをつくるのが、一流の気づかい。

28 レストランに連れて行ってもらった時（初めてでなくても）

×「何度かきたことがあります」

○「初めてです」

レストランに連れていってもらって、「こちらのお店は初めてですか?」と聞かれた時、「きたことがあります」と答えると、がっかりされます。

接待でもデートでも、「せっかく、いいお店を選んで連れてきたつもりだったのに」と一気にテンションが下がります。

何度かきたことがあっても、一流の人は「初めてです」と言います。

サービスする側に立った場合は、「初めてですか？」と聞くのは二流です。

「何回かお越しいただいていますか？」と聞けば、お客様は「初めてです」と言いやすくなります。

「何回かきたことがあります」と言えば、「……ですよね」と続けられます。

「何度かご利用いただいていますか？」が、どちらにも持っていける言葉です。

何回かきているのに「初めてですか？」と言われると、「おい、どうなっているんだ」ということになります。

「自分はこんなにきているのに、なんだ」というクレームになります。

言葉ひとつで、料理が出る前に勝負がついてしまうのです。


男性は、とくに「初めて」にこだわります。


初めてのところへ連れて行ってあげたいと思っているのです。

何度かきたことがあって、たとえシェフと知り合いでも、連れてきてくれた人のメンツをつぶさないのが、一流の気づかいなのです。

29 レストランで外の席しかあいていなかった時

×「中があいたら、移動させてください」

○**「外も、いいですね」**

レストランに行くと「今、中がいっぱいで、お外の席ならご案内できますが」と言われることがあります。

冬の外は、寒いです。

ストーブがおかれていて、ブランケットが用意されていても、「アーッ、外か」というひと言が出ます。

二流の人は、「しょうがないよね。じゃあ、中があいたら移動させてください」と言います。

「じゃあ、やめます」よりも愛のある言い方です。

これは、×ではないけど、△です。

二流の人は、×の言い方はしません。△の言い方をするのです。

「ガマンして外の席に座ります」と言われると、お店の人も心苦しい思いをします。

「中があいていないのだったら、帰ります」と言われると、お店の人は切なくなります。


一流の人は、△の上をいく○の言い方をします。

一流は、お店の人の気持ちがわかるので、「外も、いいですね」と言います。

よっぽど寒かったら、あとで「やっぱりだいぶ寒いので」と言えばいいのです。

「外も、いいですね」は、お店の人に言っているのではありません。

自分のうしろにいる、あとからきているお客様に向けてです。

あとからきているお客様は、前の人たちのやりとりを聞いています。

「ウワッ、外しかないなら帰ります」「中にしてください」と言っているのを聞いた、うしろのお客様は帰ってしまいます。

「外も、いいですね」というやりとりを聞いたうしろのお客様は帰りません。思ったほど寒くないこともあります。

「意外に寒がりだった」と言われたくないからと、ムリをして見栄を張っているわけではありません。

「外も、いいですね」と言うと、帰る時に「寒くなかったですか?」と聞かれます。

「意外に暖かいですね」と、次のお客様に聞こえるように言います。

またきてほしいと思えるお客様は、感じたとおりのことをお店のウエイターのごとくコメントしてくれます。


洋服屋さんでは、黒が売れて、白が残ります。

白はサイズが十分あるのに、黒はサイズに限りがあります。

女性が「白は汚れるかな」と気にしていると、一流の人は、「汚れるからいいんだよ。今年この白を着切ることにすればいい」と言います。

白を着る勇気のない人が多いなかで着るから、白がオシャレなのです。

お店の人も「そうですね」と言うのを周りの人が、聞いています。

二流の人は、目の前の人とのやりとりだけを考えています。

一流の人は、周りで聞いている人の耳まで意識できるのです。

お店の人は「この売り方を今度使わせてもらおう」と思います。

その場にいる人たちも白を買います。

白が売れても、何か得をするということではありません。

一流の人は、お店でのやりとりが楽しいのです。

30 レストランの予約がとおっていなかった時

×「責任者を出してください」

○「私が、連絡し忘れていました」

得意先や連れの女性の前でレストランの予約がとおっていないと、ダンドリの悪い男に見られてしまうと感じます。

女性が思っている以上に男性は、「方向感覚のないこと」と「ダンドリの悪いこと」を気にします。

予約がとおっていないと、「よく調べてください」から「責任者を出してくれ」という話に発展して、逆ギレします。

自分に非がないことを連れに証明したいのです。

ダンドリが悪いのはお店のほうで、自分は被害者であるということを、きちんと立証して一筆もらいたい。そんなことを言い出せば、その場が急に裁判所になります。

ここで「ゴメン、僕が連絡をし忘れていた」と言うことで、連れの目には「器が大きい」と映ります。

お店の人も「ちょうど遅くからのご予約の席がありまして、それまでの時間でしたら、ちょっと窮屈《きゅうくつ》かもしれませんが、ご案内できます」と言えます。

「責任者を出せ」という話になると、「これ以上この人には……」となります。

「忘れていたかもしれない」よりも、「忘れていた」と言い切るほうがカッコいいのです。

言い切れなければ、「忘れていたかもしれない」から試していけばいいのです。

31 オーダーミスの料理が届いた時

×「頼んでませんけど」

○「よそのでなければ、いただきます」

レストランで、頼んでいない料理が届くことがあります。

二流の人のリアクションは、「頼んでませんけど」です。

頼んでいないものがきたら困ります。

自分の席に頼んでいないものがきたということは、他の席でも、頼んだものがこない可能性もあります。

状況がわからないまま「これでいいです」というわけにもいきません。

隣のテーブルかもしれないからです。


間違いは、テーブルの近辺で起こります。

隣のテーブルで頼んだ料理をこっちで食べたら、隣の人が「まだですか？」という話になります。

「よそのテーブルのでなかったら、いただきます」と言うことで、お店の人に覚えてもらえます。


お店の人に覚えてもらうためには、良いお客様になることです。

オーダーミスをどう受けとめるかです。

お店は、それですませないで、オーダーどおりのものも出します。

プラスアルファのサービスをすることで、お客様に「感じの良いお店だな」と思ってもらえます。

お客様も得した感じを味わえます。

カッコつけて「いただきます」と言った隣で、「まだですか?」ということにならないように、「うちは頼んでいないけど、伝票をチェックしておいたほうがいいですよ」というインフォメーションをすることも大切です。

オーダーミスはよく起こります。

間違ったオーダーが届いた時が、お店の人と仲よくなるチャンスなのです。

32 レストランから帰る時

×「おいしかったです」

○「また、きます」

レストランから帰る時の挨拶では、みんなが「ごちそうさま。おいしかったです」と言います。

レストランの人は、もちろんおいしいかどうかを心配しています。

それよりも不安なのは、このお客様がまたきてくださるかどうかです。

そこで安心させてあげるのが、一番の気づかいです。

相手が、心配していることを軽くしてあげるのです。

デートの別れ際に言う「楽しかった」が、レストランでの「おいしかった」に当たります。

一流の人は、「また行きましょう」と言います。

「また」が入っているのです。

私の実家は、スナックです。お店を出る時は「ごちそうさまでした。おいしかったです。ありがとう。またきます」がワンフレーズだと親から教わりました。

大切なのは、「また、きます」というセリフが入っていることです。

セミナーが終わったあとも「勉強になりました。またきます」がワンフレーズで、「勉強になりました」では終わらせないのです。

読者のファンレターも、「この本は大変感動しました。早速実行に移します」で終わるよりも、「ほかの本も読んでみます」と書かれていると、著者はうれしいものなのです。

33 会食のメンバーが、そろわない時

×「全員そろうまで、待ちましょう」

○「先に始めましょう」

会食の席では、必ず遅れてくる人がいます。

メンバーが一気にそろうことは、めったにないのです。

レストランに行くと、「全員そろうまで待っていましょう」というテーブルがあります。

みんなでメニューを見て、シーンとしています。

6人の会で5人きていても、何ひとつ頼んでいません。

あとひとりを待っているのです。

「全員そろうまで、待っていてあげましょう」はカッコいい発言です。

やさしい感じがします。


あとからきた人は、自分待ち感があって、かえって気を使います。

先に始めていれば、遅れてきた人も、あまり気を使わずにすみます。

「全員そろうまで待ちましょう」は、遅れてくるのが偉い人でない時に起こります。

遅れてくるのが偉い人なら、飲みたくないので、ちゃんと待っています。

偉い人ではないのに、待ってあげるのは、カッコいいと思って待つのです。

レストランの人が「何かお飲物をお持ちしましょうか?」と言っても、「まだメンバーがそろっていないから、待って」と言うのです。


最初の2人がきたら始めていいのです。

2人の待ち合わせでも、飲物ひとつおかれていないと、遅れてきたほうの人に待たせた感が出ます。

何か先に飲んでいればいいのです。

一流の人は、タバコの吸いがらをためないように、こまめに片づけています。

タバコの吸いがらがたまっているのは、イヤらしいです。

長時間待ったことを見せないように、今きたばかりのようにしているのです。

34 そろそろ切り上げる時＜接待される側＞

× 「じゃあ、そろそろ」

○ 「今日は、ごちそうになりました」

接待の席で、招かれた側が「いやあ、今日はごちそうになりました」と言うと、相手はホッとします。

「いやあ」を入れると、「今日は、ごちそうになりました」を言いやすくなります。

接待している側にとって、お客様は大切です。

ごちそうする側から、切り上げるわけにはいかないのです。

接待されている側から、切り上げるのが気づかいです。

切り上げようとして「じゃあ、そろそろ」と言うと、接待している側は、お客様を怒らせたのではないか、この接待は失敗したかと不安になります。

「じゃあ、そろそろ」は「接待の席が楽しくないから切り上げたい」に聞こえるのです。

時計をちらちら見るのも、気づかいを欠いています。

相手側が切り上げにくい状況の時は、こちらから切り上げやすいキッカケをつくるのが、一流の気づかいなのです。

35 そろそろ切り上げる時〈接待する側〉

×「おかわり、いかがですか」

○「あ、もうこんな時間」

接待する側からは、時間を切りにくいものです。

お客様が遠慮して「今日は、ごちそうになりました」を言ってくれないことがあります。

接待する側が「あ、もうこんな時間」と言うと、切り上げるキッカケができます。

「お茶のおかわりは、いかがですか？」と言うと、相手がまた気を使って「じゃあ、いただきます」と言います。

接待する側は帰りたい、される側も帰りたいのに、延々と長引きます。

最後のお客様になっていても、お店の人もなかなか帰れません。

みんな困ります。

「楽しかったから、あっという間に時間がたってしまった」というニュアンスで、相手ではなく自分に言うように「あ、もうこんな時間」と言えばいいのです。

これができるようになるには、場数を踏むことです。

英語のイディオムは、まず覚えます。

日本語も、英語のイディオムのように覚えて、どんどん使っていくことが大切なのです。

36 パーティーで相手が帰る時

×「もう帰られるんですか?」
○「お忙しいのに、ありがとうございます」①

パーティーで、「これで失礼します」と言うお客様に「もう帰られるんですか?」と、なんの悪意もなく言います。

そう言われると、パーティーに参加した側はつらいものです。

顔を出しておかなければいけない会は、行って「おめでとうございます」と主賓に挨拶だけして帰ります。

「もうお帰りですか？」と言われると、次から行きにくくなります。

一流の人は、「お忙しいなか、わざわざきていただいてありがとうございます」と言って見送ります。

これは決まり文句です。

私は大学生の時に政治家の秘書をしていました。

総理大臣や幹事長がくると「お忙しいのに、ありがとうございます」と言います。きてもらえるだけで、ありがたいのです。

顔を出すためだけに時間をやりくりしてパーティーに行って、「もう帰られるんですか？」と言われると、「もう帰る冷たい人」になってしまいます。

顔を出しにくくなる状況をつくっているのです。

37 相手が遅れてきた時

×「大丈夫です」

○「お忙しいのに、ありがとうございます」②

待ち合わせで「遅くなって、すみません」と言う相手に「大丈夫です」と言うのは、間違ってはいません。

二流の人は、間違ったことを言っているわけではないのです。

若い人に、「大丈夫です」と言う人が多いです。

これは、何目線かわかりません。

遅れてきたということは、忙しいなかをきています。

寝坊ではないことも、わかっています。

遅れてきた相手に対しての「お忙しいのに、ありがとうございます」は、忙しいなかを悪いなという気持ちが伝わります。

「この人との約束は、忙しくてもまた入れよう」と思ってもらえるのです。

「大丈夫です」と言われると、「あまりよくわかってもらっていないな」ということになります。

次の約束をするか、しまいか迷った時や、同じ時間に２件の約束が入ってどっちの人にしようかなという時に、「大丈夫です」と言われたか、「お忙しいのに、ありがとうございます」と言われたかで変わります。

年末にパーティーが２件あったら、「もう帰られるんですか？」と言うところよりも「お忙しいのに、ありがとうございます」と言ってくれるところへ顔を出します。

きてもらえるか、もらえないかに分かれるのです。

第4章 一流の人のさりげない気づかい

相手の気持ちを楽にさせるのが、一流の気づかい。

38 相手が本番に臨む時

×「頑張って」
○「適当に」

プレゼンテーションや試験の本番に臨む人に向かって、二流の人は「頑張ってください」と言います。

一流の人は「適当に」と言います。

緊張で頭のなかがパンパンになっている人は、これでホッとします。

頑張りすぎてテンパっている人に「頑張って」と言っても、うまくいくわけがないのです。

「適当に」は、言われた人の心に残ります。

テレビ番組の駅伝大会に出場した時、私は猛烈に練習しました。

恥ずかしいことになってはいけないし、チームに迷惑をかけられません。

そのことを父親に話すと、父親は「適当にやれよ」と言いました。

ペーパードライバーで車に乗って、ドキドキしていた時のことも忘れられません。

高速からおりる減速帯でも、大阪では後続車がクラクションを鳴らします。私も、うしろからクラクションを鳴らされました。

隣に乗っていた父親は「ほっとけ。あのクラクションで、早く行かなくちゃいけないと思って事故るんや」と言いました。

これは、事故らないための教えです。

「適当に」と声をかける人は、そうはいません。誰かが言ってあげることです。

「適当に」は、おろそかにするということではありません。「手を抜け」ではないのです。

「いいころ合い加減で」ということなのです。

39 相手が緊張している時

×「緊張しないで」
○「上手すぎないように」

緊張している人の頭には、すでに「緊張」という言葉があります。

緊張している人に「緊張しないで」「リラックス」と言っても、緊張はとけません。

ゴルフで「バンカーに入れないで」と言われたら、バンカーを見てしまうのと同じです。

「あそこにバンカーがあるから気をつけて」と言われたとたん、それまで気にしていなかったバンカーが目に入ります。

「バンカーに入れてはいけない」と思えば思うほど、意識も体もバンカーのほうに向きます。

リラックスは、「リラックスしなくちゃ」と思ってできるものではありません。

「集中、集中」という声が気になると、集中できなくなります。

集中している時は、集中しようとは考えていないのです。

リラックスしている時も、リラックスしようとは考えていません。

私が講演に行くと、ふだん司会業ではない人が、司会役で緊張しています。

お客様がたくさんきていて、いっぱいいっぱいになっています。

家で十分練習してきているのに、まだ不安そうに「先生のプロフィールの紹介を用意してきましたので、聞いていただけますか？」と言います。

大丈夫かな？　という人には「上手すぎないようにね。ヘタめでお願いします」と声をかけます。

上手すぎると、お客様も緊張します。

ヘタめの司会のほうが、講演会がかしこまった雰囲気にならずにすむのです。

40 誰かが失敗した時

×「……（見て見ぬふり）」

○「あらら」

上司とカラオケに行って、上司が曲のイントロを待ち切れずに歌い出してしまったら、一流の人は間髪を入れずに「あらら」と言います。

二流の人は、曲を選びながら、見て見ぬ振りで流します。

「あらら」と言えば、笑いながら「もう一回頭から入れて」と言えます。

見て見ぬ振りをされると、やり直しをしにくくなります。

朝のワイドショーの『スッキリ‼』で、コブクロが新曲を歌った時のことです。ギターの小渕健太郎《こぶちけんたろう》さんが、イントロを間違えました。ピアノのパートを、ギターで弾かなければならなかったからです。番組司会の加藤浩次《かとうこうじ》さんは、すかさず「あらら」とツッコミました。「あらら」と言ったほうが、やり直しやすいことをわかっているのです。ボーカルの黒田俊介《くろだしゅんすけ》さんが、「加藤さん、あのアララはナイスツッコミ」と言いました。

相手の失敗に対して「あらら」と言うことで、距離が縮まります。

失敗に対してツッコんであげるのが、一流の気づかいです。

見て見ぬ振りは、逆に気まずくなります。

失敗しても、やり直せることが大切なのです。

41 勉強を促す時

×「勉強しなさい」

○「一緒に勉強しよう」

部下に「もっと勉強しろ。勉強が足りない」と言うのは、勉強を促すことにならないのです。

「私は、勉強ができている」ということになってしまいます。

一流の人は、「一緒に勉強して、一緒に成長しよう」と言います。

得意先で失敗して「どうだ。勉強になっただろう」と言うと、「あなたは誰？　その上から目線は何？」となります。

「お互い、勉強になったね」と言われると、「この人と一緒に頑張っていこう」という気持ちになります。

「フォー・ユー（あなたのため）」は、気づかいではないのです。

気づかいのある言葉はすべて「フォー・ユー」と言っているようでいて、「あなたのため」ではないのです。

「ウィズ・ユー（あなたと一緒に）」が大切なのです。

42 相手が難しいことにトライしている時

× 「まだまだ先があるよ」

○「もう峠は越えています」

難しいことにトライしている人がいると、気を緩ませないように「油断するな。まだまだ先があるぞ」と言います。

油断すると、しくじるので、戒《いまし》めようとするのです。

大切なのは、頑張っている人の気持ちをラクにさせてあげることです。

私は『世界一わかりやすい英語の授業』の関正生《せきまさお》先生の授業が好きで、DVDを見ながらA4用紙を2枚おいて、2通りのメモをとっています。

1枚は、英語の文法に対してのメモです。

もう1枚は、関先生の話し方をメモします。

予備校の先生は、言葉の使い方が抜群に上手です。

林修《はやしおさむ》先生も言葉の使い方がうまいから、テレビの仕事をトップでできるのです。

関先生のDVDは、TSUTAYAのレンタル回数でもトップです。

言葉の使い方が圧倒的に上手い上に、授業の密度が濃くて、スピードが速いです。

1時間のDVDを見るとヘトヘトになります。

助動詞の使い方の回の途中で、関先生に「もう峠を越えています」とサラッと言われると、ホッとします。


このひと言は大きいです。

長期戦の仕事で「峠を越えている」と言われると、気持ちがラクになります。

「まだまだ先があるぞ」と言われると、「まだあるの？」という気持ちになって、しんどくなります。

チームの元気を出させたり、相手をラクにさせるには、先生が生徒に対しても気づかいを欠かさないことです。

自分では、どこが峠かわかりません。

ヘトヘトになっていても、「峠を越えたなら、あとは行ける」と思えるのです。

たとえば風邪でお医者さんに行った時に心配なのは、症状がひどくなっていないかということです。

初期症状が3～4日あって、一回ひどくなったあとに抜けていく瞬間があります。

お医者さんに行って「ちょっと診てみましょう。もう峠を越えています」と言われると、ラクになります。

次の日に症状がひどくなったとしても、峠を越えていると思えます。

峠は、物理的な真ん中ではありません。

精神的な位置です。

フルマラソンに出るのは大変なことです。

42・195キロを走るのは、普通の精神ではできません。

申し込むこと自体が、大変なのです。

私は、スタートラインにいる人に「スタートラインに立った時点で、峠を越えている」と言います。

そこまでが、しんどいのです。

十分に練習していても、エントリーするのにドキドキします。

一瞬の興奮でエントリーしたものの、抽せんでハズレてくれと思っています。

風邪を理由に休みたいのにスタートラインにきているというだけで、峠を越えているのです。

42・195キロでもなく、21キロでもなく、胸突《むなつ》き八丁《はっちょう》の37キロでもなく、スタートラインにいることで精神的な峠は越えているのです。

精神的な勝負どころは、もう越えたと言ってもらうと、あとがラクになるのです。

43 相手が遠慮して、コートを着にくい時

✕「コート、お召しになってください」

○**「コート、着ましょ」**

冬の法事などでは、外が寒くても、みんなコートを着ることを遠慮します。

コートを着てお経を聞くのは申しわけないという雰囲気の時に、その場の年長者やリーダーが「寒いから、コートを着よう」と言うと、みんなもコートを着ます。

気がきかない社長は、そこで頑張ります。

みんなが着づらい状況に気づかないのです。

自分はコートを着ないで、みんなに「着ろ」と言います。

一流の人は、自分が寒くなくても、寒そうにしている人がいたら、「寒いからコート、着よう」と言います。


「暑い・寒い」は、気づかいのなかでも、ベスト5に入る大切な要素です。

寒いと人間の頭のなかは、ネガティブな感情しか浮かばなくなります。

ポジティブな空気をつくり上げるために、私は講演会場や教室に入ったら、いつも「寒くない？」と確認します。

講義の内容だけに気を使う人にとって、部屋の温度は、優先順位がかなり下です。

寒い外での撮影現場では、一番偉い人が「ワーッ、暖かいな」と言って、たき火に当たると、みんなも当たれます。

一流の人は、寒くなくても、自分からたき火に当たります。

「オレはいいから、みんな当たれ」と言われても、一番偉い人を差しおいて当たるわけにはいきません。

「私はいいです。寒くないです」と言って、みんなの唇が紫色になる状況が起こります。

イスも、偉い人から座れば、みんなが座れます。

「オレは立っているほうが好きなんだ」という人は、ひとりの時にそうしていればいいのです。

みんなが座りやすいように、まず偉い人が座るのが気づかいです。

レストランに入ったら、偉い人は上座に座ります。

「オレはここでいい」と言うと、みんなの座り場所がなくなります。

自分がその場で年長だったら、上座に座ることで、みんなが座りやすくなります。

「オレはいいから」は、気づかいではありません。

気づかいは、自然と自分をカッコいい人間に持っていきます。

たき火に当たるのは、なんだか年寄りくさくてカッコ悪い雰囲気があります。

カッコ悪いことをすると、周りの人が助かります。

これが気づかいです。

周りのみんなのために、自分がカッコ悪い役になれることです。

寒そうにしている人がひとりでもいたら、かわいそうです。

その場でつらそうにしている人を基準におくのが、一流なのです。

44 相手がトイレに行きたくないか確認する時

× 「トイレ、大丈夫ですか？」

○ **「トイレ、行っていいですか？」**

二流の人は、いつも質問の形で確認します。

初デートで女性に「トイレ、大丈夫ですか？」と聞くのです。

女性から「トイレに行きたい」とは、なかなか言えません。

一流の人は、「トイレ、行っとこう」と言います。

「トイレ、行っていい?」と男性のほうから言えば、女性は「私も行っておきます」と言えます。

言葉の本当の意味をわかるのが、気づかいです。

高速道路のパーキングエリアが近づいたところで、女性が「トイレ、大丈夫ですか?」と言うと、二流の男性は「大丈夫」と言います。

「トイレ、大丈夫ですか?」は、女性がトイレに行きたいという意味です。

次のパーキングエリアまで長いと、困った状況になります。

二流は、それがわからないのです。

一流は、一緒にいる人の言葉の本当の意味に気づけます。

ふだん気づかいをしない人は、一緒にいる人の気づかいをスルーします。

ありがたみがわからなくて、感謝の気持ちがなくなっていくのです。

45 タクシーの運転手さんが、新人だった時

× 「急いでるんですけど」

○ 「安全運転で行ってください」

たまたま乗ったタクシーの運転手さんが新人で、「すみません、道を教えていただけますか?」と言われることがあります。

「ハズレ」と思う瞬間です。

一歩間違うと「降ります」です。

ナビの使い方もおぼつかないと、イラッとします。

「車のとまり方も怪しかったし、ドアもきっちり開けられていなかった。危ない」と思うと、つい「急いでいるんですけど」と言ってしまいます。

ここで「安全運転で行ってください」と言えることが大切です。

器が、求められるのです。

同乗者がいれば、なおさらです。

新人の運転手さんは、すべてのお客様に「降ります」、「急いでいるんですけど」と言われているのです。

「急いでいるんですけど」と言わないお客様を一生忘れません。


誰もが、最初は新人だったのです。

誰もが、練習台になってあげることです。

自分にも新人の時代があって、誰かに練習台になってもらって育ったのです。

新人の看護婦さんは注射が苦手です。

血管をすぐに見つけられなくて、腕を叩きまくります。

真っ赤になって、よけいわからなくなっています。

注射器を持つ手が震えている横で、先輩が見ています。

「あなたが打ってください」と言いたいところを、日本の医療のため、人を育てるために、内出血が起こっても頑張ろうという覚悟を決めることも大切なのです。

46 相手がわかったかどうか確認する時

×「わかりますか？」

○「なんとなく、わかる感じですか？」

相手がわかったかどうかを確認する時「わかりますか？」と言うと、相手にプレッシャーがかかります。

私は今、コアトレーニング（体幹トレーニング）を週1で習って5年になります。

体のことは、「わかりますか？」と言われても、難しいものがあります。

頭のことは、わかったか、わからないかがわかります。

体のことは、体が感じます。

わかったと言っていいのか、わからないと言ったほうがいいのか、微妙です。

「なんとなく、わかりますか？　なんとなくでいいですよ」と言われると、ホッとして「なんとなく、わかります」と言えます。

なんとなく、わかる感じになるのです。

「わかりますか？」と言われて「わかります」と言うと、「いや、あなたはわかっていない」と言われそうで、わかるものも、わからなくなります。

「なんとなく、わかる感じですか？」は、なんとなくでいいことを許しています。

教えるときは、相手に圧迫感を与えないのが、大切なことなのです。

47 取材したことが、カットになる時

×「カットですか？」

○「気を使わないで、迷わずカットしてください」

以前、出演したドキュメンタリー番組でのことでした。取材に協力して、お店も撮って、1時間半の収録をしました。

ところが編集の段階で「すみません、ちょっと使えなくなっちゃったんですけど」ということがありました。

二流の人は「カットですか？」と残念な気持ちを言います。

一流の人は「迷わずカットしてください」と言います。

番組は、狙いを絞ることが大切です。

気を使っていたら、何を言いたいのかわからない番組になります。

一流の人は、「自分の狙っているコンセプトにそぐわないものは、思いきり切っていったほうがいいよ」とパニック状態の編集の人にメールします。

編集の人からは「癒《いや》されました」とメールが返ってきました。

つらいのは、カットになる側ではありません。

泣く泣くカットする側です。

編集の仕事を知っている人ならわかります。

番組ディレクターをしていると、「これは入れられないよね。いい話なんだけど」という場合がよくあるのです。

入れると、全体の趣旨が２通りに分かれてわかりにくくなります。

ドキュメンタリー番組は、カットが前提です。

面白くないからカットではないのです。

「今回の狙いはコレ」と決めるのが気づかいです。

周りに気を使っている時に、「それは迷わずカットしていいよ」と言われると、クリエイターは踏ん切りがつきます。

大切なのは、作品を最高にすることです。

自分の出番は二の次です。

一緒に物づくりをする人間の立場から、言えるのが一流です。

出版社の編集者も、著者に「ここ、カットにしていいですか？」と言うのはドキドキします。

一歩間違うと原稿の引き上げです。

「そこはカットしましょう。編集者がやりたいことをやるために、テーマは絞ったほうがいいよ」と、ホッとすることをスッと言えるのが、一流の気づかいなのです。

48 持ち主のわからない忘れ物があった時

✕「これ、誰の？」

○**「部長、お忘れ物です」**

自分が好きな人のことは、一挙手一投足《いっきょしゅいっとうそく》を見ているものです。

同じように、上司の携帯電話も見るようにします。

会議室に携帯電話が忘れてあった時に、「これ、誰の？」と言うのは観察力が足りません。

観察していれば、この携帯電話は、あの人の物だと気づいて「携帯電話をお忘れですよ」と声をかけられます。

これが気づかいです。

「スタバでアレ買ってきて」「タバコ、アレ買ってきて」と頼まれる前から、いつもの物をインプットしておくことです。

スタバの注文は細かいです。

「濡れやすいから、アイスでもスリーブをつけて」という、こだわりがあります。

そのこだわりを覚えておくのです。


上司も年齢を重ねると「アレ」と言うことが多くなります。

「アレ」が通じる相手と仲よくなるのです。

私は「おい、アレどうした?」とよく言われました。

「企画書は、ここにできています」

「おまえ、なんでアレがわかるんだ?」

「今、なんとなくわかりました。テレパシーが通じたような気がして」

という、やりとりをしていました。

仲よくなってくると、なんとなくわかるのです。

政治家の小沢一郎さんの秘書は優秀です。

小沢さんは「アレ」が多いです。

「アレどうなってる？」と言っただけで、「こうなっています」と答えられるのが優秀な秘書です。

上司が「アレ」を言い始めた時が、部下のチャンスです。

政治家に限らず、どんな仕事にも固有名詞を出せない状況があります。

それをツーカーでわかるようになることです。


言ってもらわないとわからないのは、ふだんの観察と記憶が足りません。

気づかいの８割は観察と記憶です。

口べタでも、「これですよね」と言えることが大切です。

ハンカチ一枚で、「〇〇さんが忘れてる」とわかるのが気づかいです。

いいお店は、帰りがけに気づいて「忘れていますよ」と声をかけてくれます。

一回一回調べていないお店は、忘れ物が見つかりません。

１週間ぐらいしてから、やっと下に落ちているのが見つかるのです。

49 飛行機が遅れている時（グランドホステスさんに）

×「どうなってるんだ」

○「大変ですね」

飛行機は、前の便によっても遅れます。

今、世界のどこの航空会社も、営業コストを切り詰めています。

日本は、欠航が少ないほうです。

アメリカでは、お客様が5割以上乗らなければ欠航することもあります。

それが普通なので、お客様も慣れています。

日本では、お客様が5割乗らなくても飛行機が飛ぶ国です。

欠航に対する忍耐力がなくて、「どうなっているんだ」とどなります。

「どうなっているんだ」とどなったところで、飛行機が飛ぶわけではありません。

前に飛行機が詰まっていて、自分の乗る飛行機がまだ戻っていないのです。

誰に頼んでも仕方がありません。


ここは、グランドホステスさんに「大変ですね」のひと言でいいのです。

「オレの10億の取引をどうしてくれるんだ」と怒る人は、そんな仕事はしていないのです。

「オレの10億の取引は」と言いながら、キャビンアテンダントさんにモテたいと思っているのです。


みんながイライラしている時が、自分の気づかいを出せるチャンスなのです。

50 お土産を渡す時

× 「お荷物になりますが」

○ **「お荷物になりますので、お送りさせていただきます」**

「お荷物になりますが」は、お土産を渡す時の丁寧な決まり文句です。
私は荷物を持つのが嫌いで、荷物は最小限にしています。
カバンは、そのジャストサイズです。
先方は「お荷物が少ないので、まだ持てますね」と大きな物をくれます。

荷物が軽そうだし、手があいていると言われるのはつらいです。

なぜ荷物を少なくしているかが、わかっていないのです。

「荷物が少ないから、まだ持てる」という解釈は、相手の立場に立っていません。

一流の人は、小さな物でも「お荷物になりますので、お送りさせていただきます」と言います。

二流の人は、小さな物ぐらい持てるだろうと思っています。

ジャストサイズのカバンには、あとで渡される荷物を入れるスキ間は、もうないのです。

荷物が2個と1個では、行動力がぜんぜん違います。

オシャレさも違います。

レジ袋がぶら下がっていたら、ファッションの統一感が崩れます。

かといって、いただく側が「送ってもらえますか」とも言えません。

捨てるのも忍びないです。


ここで、「お荷物になりますので、お土産はお送りさせていただきます」と言える

のが気づかいです。

訪ねてくる人が、運んでくる手間をかけるのがお土産です。物ではないのです。

物をもらったお返しに、物を渡して持って帰ってもらうのでは、帰りにも運ぶ手間をかけさせています。

お土産の意味を間違えています。

そのお土産が、地方の珍しい物ならいいのです。

東京のデパートで買った物です。

気持ちはわかります。

「東京の方なので、東京の一流のデパートの物がいい」と気を使って、わざわざ東京のデパートから取り寄せたのです。

地元の名産品のほうが、気づかいを感じます。

その場で食べて、荷物がなくなる物のほうが、もらう側はうれしいのです。

51 相手がゴミ袋を持っていた時

×「ゴミ、捨てておきましょうか？」
○「ゴミ、捨てておきます」

二流の人は、ゴミを持っている人に「捨てておきましょうか？」と質問します。
「ゴミ、捨てておきましょうか？」と質問すると、「悪いから、いいですよ」となります。

一流の人は、「ゴミ、捨てておきます」と言って、ゴミをポンととります。
「荷物、棚に乗せましょうか？」と聞くと、「悪いから、いいですよ」となります。
質問しないで、「荷物を棚に乗せましょう」でいいのです。

小さなことでも、質問されると「悪いから、いいですよ」となります。

「悪いから」という気持ちを起こさせないのが、気づかいです。

「○○しましょう」と言った瞬間に、もうしていることが大切です。

電車のなかで高齢者が前に立ってから「席を譲りましょうか」と聞くのは、カッコ悪いです。

相手に聞く前に立ち上がって「どうぞ」です。

「いいです」と言われたら、「そうですか。お元気ですね」と言って、座ればいいのです。

質問していると、恋愛でしくじります。

「キスしていいですか?」と質問するのは煩《わずら》わしいです。

サッとすることが、大切なのです。

第5章 一流の人のさりげない気づかい

相手の小さな望みをかなえるのが、一流の気づかい。

52 知り合いを紹介する時①

×「いろんなことをしてる人です」

○「僕の○○の先生です」

知り合いを紹介するのは、難しいです。

何をしているか、わからない人がたくさんいます。

「なんて紹介すればいいですか？」と聞くのは二流の人です。

「いろいろなことをしている人」という紹介は、うさんくさいです。

職業で割り切れないことをしているのです。

「学校の先生」は紹介しやすいです。

商売をしている人は、いろいろなことをしています。

何種類も肩書があって、名刺を何枚も持っています。

「自分で説明してください」と言うと、本人も「いろんなことをしています。なんと言えばいいか……、なんでも屋です」と言います。

職業で紹介すると、格が上がりません。

「私のダンスの先生」なら、一発ですみます。

プロのダンスのインストラクターである必要は、まったくないのです。

「この先生にダンスを習っている」でいいのです。

声、姿勢、服装、オシャレ、恋愛の先生ということは、習っている自分が勝手に決めた肩書で、名刺には入っていません。

その人と自分の関係性や、リスペクトできる人物であることをひと言で紹介できればいいのです。

社名を言って「知ってる？　あの有名な◯◯という会社の……」と言っても、「聞いたことがない」と言われたら、説得力がありません。

業界では有名でも、世間に知られていない会社はたくさんあります。

人間を知るのは、会社名からではありません。

「孫《そん》さんかこの人かと言われている――」と紹介しても、「孫さんって誰？」という女性はたくさんいます。

「ビル・ゲイツ知ってるよね」と言っても、「聞いたことはある」という人に名前を出しても通じないのです。

「私の○○の先生」という紹介が一番スマートです。

「○○の先生」と紹介すると、紹介された人も「そう思ってくれていたんだ」と気づきます。

上司が部下を「僕のゴルフの先生。ゴルフ部だったんだ」と紹介すると、年下の人を先生と呼んでいる人の器を大きく感じます。

部下も喜ぶのです。

53 知り合いを紹介する時②

✕「○○と○○の達人なんです」

○「○○の達人なんです」

知り合いを紹介する時には、「○○の達人」とひと言で言い切ることです。

「○○と○○の達人」と紹介するのは、マルチだと言いたいのです。

いろいろなことができる達人と言おうとして、３つも並列した瞬間に、プアな感じが出ます。

たいしたことはないシロウト芸に感じて、評価が下がるのです。

紹介される側は、いい迷惑です。

紹介する時は、「〇〇の達人」と、スパーンとひとつに切ります。

「〇〇の達人」と言ったあと、こんなことも、あんなこともできるということを相手に焼きつけて、「実は、こんなこともできるんです」と言うと、へーッとなります。

「このお店のオムライスは絶品」と言うと、「それ、食べたいね」となります。

「オムライスとカツカレーとナポリタンがおいしいお店」と言った瞬間に、「それって喫茶店っぽいね」になります。

並列しないことが大切なのです。

54 知り合いを売り込む時

×「よろしくお願いします」

○「大人気なんです」

知り合いを売り込むのが、上手な人は「彼はウエブ・デザイナーをしていて、大人気」というひと言で売り込みます。

「予約待ちなんですよ。稼いでいるんです」で、とめるのです。

二流の人は、よかれと思って「この人、ウエブ・デザイナーなんです。仕事をあげてください」と言います。

知り合いを仕事のない人にしているのです。

「ひとつよろしくお願いします」と、かわりに営業もします。

営業が始まった瞬間に、売り込みたい人の格を下げます。


二流の人は、善意の人です。

善意の人は、気づかいができているかというと違うのです。

気づかいは、都会的な計算のもとにすることです。

素朴な人、地方の人は気づかいができなくて、善意の紹介をします。

「安くしておくから」は格を下げています。

計算高い都会人は「早く申し込まないと、この人は手いっぱいで仕事を断っているんだ。しかも高いよ」と言うことで、知り合いの格を上げています。

「高いんだよ」と言われたほうが、「いくらなの?」と聞いて「思ったより安いね」となるのです。

55 知り合いを紹介された時

× 「連絡しておきます」

○「今、かけてみます」

中谷塾の森雅弘《もりまさひろ》君が、テレビ番組の『開運！なんでも鑑定団』でも有名な北原照久《きたはらてるひさ》さんとなにげない雑談をした時のことです。

森君は北原さんに「仕事でタイに行くことになったんです」と話しました。

北原さんは「タイに行くなら、知り合いがいるから」と言いました。

通常は「連絡しておいてあげるよ」で終わりです。

「知り合いがいるから言っておいてあげるよ。何かあったら訪ねてみて」と言う人はたくさんいます。

北原さんは一流です。

その場で電話です。

「この前、知り合いになった中谷塾の森君が今度タイに行くらしいので、何かあったらよろしく」と言うのです。

政治家のような気づかいです。

ふだん偉そうにしている人は、「連絡しておいてやるよ」と言うだけです。

一流の人は「今かけてみよう」と、その場で電話です。

目の前でされた側は、感動します。

「言っておいてあげる」「あとでメールしておいてあげる」が普通になったネット社会では、その場で電話をかけてくれることの感動は大きいのです。


つながらなくてもいいのです。

気づかいで、やりすぎは気にしないことです。

これはやりすぎではないかと思うのは、やりすぎの基準値が低いのです。

もっとすごい人がいます。
気づかいは、自分が所属している集団の平均値になじみます。
気づかいレベル1の人は、気づかいレベル1の人としか友達になれないのです。
気づかいレベル2の人は、やりすぎに見えます。
無限に上がいるのです。
「それ、プレッシャーになる」というのは、やりすぎです。
自分がカッコつけてしていることで、相手が迷惑しています。
プレッシャーをかけるのは、気づかいが足りないのです。

人に紹介してはいけない2つは、病院と占い師です。
「お医者さんを紹介してあげるよ」というのは迷惑です。
会った時に「行った？」と聞かれます。
誰にでも、かかりつけのお医者さんがいます。
それぞれ自分の信じるお医者さん、占い師さんのところに行っているのです。
「ここのほうが上だから」は、やりすぎではなくて、押しつけです。

やりすぎが、いけないのではないのです。
自分が気づかいのレベルを上げていかない限り、永遠に低いままです。
世間一般で教わるような気づかいでは、まだまだできていないのです。

56 上司の知り合いに会った時（頼まれていなくても）

×「伝えておきます」

○「よろしくお伝えくださいとのことでした」

上司の知り合いに会ったら、部下としては上司に頼まれていなくても「よろしくお伝えくださいとのことでした」と言います。

「よろしく伝えておいて」と上司から頼まれたから言うのではありません。

これは、言わなくてもいい言葉です。

ただ、これでは足りないのです。

気づかいは、言わないから減点ということはないのです。

プラスアルファを言うのが気づかいです。

ロスタイムのゴールのようなものです。

ロスタイムにもう1点とろうという気持ちがないと、できないことなのです。

今の点差を守って追加点をとられなければいいというのが、気づかいをしない二流のやりとりです。

気づかいをしないからといって、不具合はありません。

周りの誰かがさりげない気づかいをした時に、自分の負けになるのです。

本当は言っていなくても、先方で「いつも社長さんの話をしているんですよ」と言ったところで誰にも害はありません。

「エッ、どんな話をしているの？」ということで、次に上司が会った時に、いいムードになります。

良い情報を伝える人が、かわいがられるのです。

57 久しぶりの人に会った時①

×「変わりませんね」
○「なんか、変わりましたね」

久しぶりの人に会って、「変わりませんねね」と言うのは、「相変わらず若いですね」という意味です。

悪意はありません。

ほめ言葉として言っています。にもかかわらず、これはヒットしません。

自分はジムにも通って、体重も絞って若返っているのに、相変わらず前のブヨブヨのままに見られたのではないかと思ってしまうのです。

「なんか、感じが変わりましたね」と言われたほうが、次の話を出せます。

「ジムに行っているんだ。最近ボクシングを習っていてさ」という話が、できるのです。

「変わりませんね」と言うと、ボクシングの話を出せません。

悪意はないかわりに、そのあとの会話が転がらないのです。

「なんか、感じが変わりましたね」は、どう変わったかを言っていません。

「痩せた」も「太った」も言っていません。

「なんか、変わりましたよね」なら、「最近何をされているんですか？」と聞かなくても、今相手がしていることを引き出せます。

「最近ハマッていることはありますか？」は答えにくい質問です。

そこからボクシングを習っている話は、言えません。

ハマッているのではないのです。

「ハマッている」と言うと、遊びっぽいです。

聞かれた側は「一生懸命しているのに」という気持ちになるのです。

58 久しぶりの人に会った時②

×「今日は、桜がきれいですね」

○「前回お会いした時は、紅葉の季節でしたね」

久しぶりの人に会って、「今日は、桜がきれいですね」は普通です。

相手よりも、景色を見ています。

「前にお会いした時は、紅葉がきれいでしたね」と言われるとうれしいです。

前に会った時のことを覚えていてくれたからです。

今の景色よりも、その人と前に会った時の景色を覚えていてくれたという記憶力が、相手にはうれしいのです。


豪華客船で、一番高いペントハウスに乗り続けている社長夫妻がいます。

私が、その船に2回目に乗った時に「中谷さん」と声をかけられました。

「ウワーッ、お久しぶりですね。何年前になりますかね」と言うと、奥様が「6年前です」と即答されました。

船の上で悠々自適な生活をしていると、時間の経過はあいまいになります。

「だいぶ前ですよね」ではなくて「6年前です」と即答されたということは、記憶にきちんと残っていたということです。

これはうれしいです。

好きな人のことは、周辺の景色も含めて覚えています。

前に会った背景も含めて「あの時、こんな状況でしたよ」と、覚えていることをコメントしてあげるといいのです。

59 お店を紹介する時

×「このお店、最高においしいですよ」

○「このお店、ちょっと変わってるんですよ」

「おいしいお店を紹介してください」と言われると、

「ここのラーメンは絶品」

「まあここでラーメンを食べたら、よそのラーメンは食べられないね」

と言ってお店に連れて行きます。

これはアウトです。

どれだけおいしいのかと思って、ハードルが上がってしまうのです。

おいしいというのは、自分の想像との相対です。

ハードルが上がっていると、おいしいのに「言うほどは、おいしくなかったね」になります。

「最高においしいですよ」は、間接的にはお店の営業妨害をしているのです。

「このお店、ちょっと変わっているんですよ」と言われると、食べた時に「ちゃんとしてるね」という印象になります。

「ちょっと変わっている」と言って、「ヘンなお店」と一度ハードルを下げておくと、「いや、おいしいよ」ということになるのです。

これは合コンでもよく起こります。

「今度紹介するのは超美人だから」と言われると、勝手に超美人を思い浮かべます。

確かに美人がきても、想像でハードルが高くなりすぎているので、相対的に「たいしたことないじゃん」になるのです。

「ちょっとヘンなコなんだ」と言って、かわいいコがきたら「かわいいじゃん」になります。

「この人は面白い話をする」と言われると、あとの面白い話が、まったく面白くなくなります。

「ヘン」と言ったほうが興味を引きます。

「普通」には興味が湧きません。

「ヘン」が、「すごい」でもなく「おいしい」でもなく「美人」でもなく紹介できる言葉なのです。

60 講師をお招きした時

× 「今日は、楽しみにしています」

○ 「みんな○○に悩んでいるので、楽しみです」

会社が主催の講演会などで、講師を迎えにいく係になると、講師と直接話せる機会ができます。

迎えにきてくれた人は、「先生のファンがたくさんいて、今日はどんな話になるのか、みんな楽しみにしております」と、言ってくれます。

講師は、聞いてよかったと思える話をするためには、今日聞きにくる人たちが何を悩んでいるのか、何で困っているのかを教えてもらいたいです。

気づかいができる人は、「部下のヤル気を出させるのにみんな困っているので、今日のお話を楽しみにしています」という1行の情報をくれます。

講師はそれを中心に話ができます。

聞きにくる人のインフォメーションがゼロの状態で「みんな楽しみにしています」と言われても、頭のなかでレジュメを構築できません。

駅に迎えにきてくれた人が、駅から会場に向かう5分の間にくれるインフォメーションで、会場に着いてからの話の仕方が変わります。

小さな情報の提供が、相手の立場に立っているということです。

気づかいは、ヨイショを言うことではないのです。

講師は、今日講演を聞きにくる人が、何に悩んでいるかわからなくて困っています。

それを解決するのが、気づかいです。

相手が今持っている小さな悩みを解決し、相手の持っている小さな望みをかなえる

ことが気づかいです。

気づかいをすると、自己肯定感が上がります。

自己工夫力も必要です。

工夫することが、良い結果につながって、相手も喜び、自分もやりがいが生まれるのです。

これが気づかいです。

相手だけを喜ばせて、自分が犠牲になることでもないし、頑張ることでもないのです。

気づかいができれば、仕事が楽しくなります。

「みんな、◯◯に困っているんです」と話すことで、講師を迎えにいく仕事が楽しくなります。

「またあなたに迎えにきてほしい」と言われるのです。

61「オレの若いころには……」と昔話が始まった時

×「聞きました」

○「今でも、若いじゃないですか」

面倒くさい状況が、気づかいをするチャンスです。

「オレの若いころは」という上司の面倒くさい自慢話が始まったら、気づかいができない人は、「まただ」と思います。

「その話は聞きました。何百回も聞いています」と言います。

上司が「オレの若いころには」と言うのは、今ジジイになっているのではないかを心配しています。

「オレの若いころには」に間髪入れずに「今でも若いじゃないですか」と言えば、その話は断ち切れます。

若いころの話が、したいわけではないのです。

気づかいは、

① 相手の小さい悩みを解決する

② 相手の小さい望みをかなえる

の2つです。

上司には今、小さい悩みがあるのです。

「自分はジジイになって、軽んじられている気がする。ここはバシッと言ってやらないと」と思って、「オレの若いころには」という話を出しているのです。

「そんなことはないですよ。あなたは今でも若いです。みんなからリスペクトされていますよ」と伝えれば、長話を聞かなくてすむのです。

62 何かを教えてもらった時

×「そうなんですか？」

○「そうなんですね」

教えてもらった時の返事は２通りあって、どちらも似ています。

気づかいのある、ないは、難しい言葉の言い回しの差ではないのです。

１文字の差です。

飲食店のオーナーに、ご自分が経営されるキャバクラ店に連れて行ってもらいました。

お店で、ある女性を紹介されたのですが、オーナーが、「膝の上にハンカチを置いちゃダメって言ってるじゃない」とその女性を注意しました。

オーナーは、膝の上にハンカチを置くのが嫌いだったのです。

その方針を知らない女性の返事は「そうなんですか？」でした。

オーナーに対しても「そうなんですか？」と言うのです。

人を使うのは大変です。

この女性は、ふだん教えてもらった時の「そうなんですか？」が口グセになっています。

「そうなんですか？」ではなくて、「そうなんですね」です。

「そうなんですか？」と「そうなんですね」では、また教えてもらえるかもらえないかに分かれます。

教わった時に、気づかいの差が出るのです。

二流の人は、人から教えてもらえなくなります。

人間的な成長が遅れるのです。

教えてあげたいと思ってもらえることが大切です。

「そうなんですか？」は反論です。

「そうなんですね」は受け入れています。

「そうなんですか？」は店長の顔を見ています。

店長とオーナーのどっちが偉いかが、わからないのです。

オーナーより直属の店長のほうが、上になっています。

指示されたことに「そうなんですね。知らなかった」と言うと、印象がまったく違ってきます。

大切なのは、教えてもらって「そうなんですね」と、習慣で言えることです。

「ね」で覚えるか、「か」で覚えるかで、大きく分かれます。

好かれるか好かれないかに、ルックスは関係ないのです。

一流の人のさりげない気づかい 第6章

さりげなく解決案を出すのが、一流の気づかい。

63 相手と違う意見を言う時

×「違います」

○「こんな見方もあると思うんだ」

部下の意見を上司がつぶす時には、「違う」と言います。

上司や先生に意見を求められて、勇気を持って出した意見に「違う」と言われたら、くじけます。

「ほかに意見はないのか」と言われても、もう出せません。

違うことを言うのが、意見です。

「僕はこう思うけど、みんなは何か意見がある？」は、上司が、自分とは違う意見を出すことを求めています。

同じ意見を求めると、イエスマンばかりの会議になります。

部下が、違う意見を出すほうが、会議をする意味があります。

「違う」のかわりに、「こんな見方もあると思うんだ」と言えることが大切です。

言っていることは、同じです。

「僕は違う意見を持っている」は、アイ・ハブ・アナザー・オピニオンです。

これが、ケンカにならない言い方です。

「おまえは間違っている」ということではありません。

こうすることで、会議で意見が出しやすくなるのです。

64 質問を受ける時

×「何か質問はありませんか？」

○「くだらない質問、ありませんか？」

私は、講演の質疑応答の時間になると、「くだらない質問、ありませんか？」と言います。

「いい質問はしないでね。あとの人が質問しにくくならないように、誰かくだらない質問を1番に出してください」と言うと、質問を出しやすくなります。

「何か質問はありませんか？」と言うと、みんながちゃんとした質問をしなければと構えて、シーンとなります。

せっかくの会が一気に盛り下がるのです。

「インパクトがあって、パンチのきいた、画期的な意見はない？」と言われたら、意見は出ません。

誰かがくだらない質問をしてくれたら、「くだらなーい」と言いながらホワイトボードに書きます。

大切なのは、どんなくだらない意見でもホワイトボードに書くことです。

「くだらなーい」と言って、書かないとアウトです。

別の人から似た意見が出たら、「さっきの○○さんの意見と似ているけど若干違いますね」と言ってホワイトボードに書くことで、そのあとの意見がどんどん出ます。

「ほかには？」と言われたままホワイトボードに書かれないと、自分の意見が却下されたように感じます。

「○○さんと似ているね」と言われて書かれないと、意見を言う前に「もう出ているものに似ているかな。却下だな」と思います。

アイデアは、似ているようで違うものがたくさんあります。

「そうなんですか？」と「そうなんですね」のように、微妙なことでまったく違うのです。

「自分のくだらない意見も、ホワイトボードに書かれて評価してもらえた」というのがわかるように、どんどん書いていくのが書記の仕事です。

会議では、リーダーが書記も兼ねてホワイトボードの前に立って進行します。

ホワイトボードに書き上げることで、意見を吸い出すのです。

最初にくだらない意見を言う人が、一流です。

笑いをとるようなくだらない意見を言うことで、みんなが質問や意見を出しやすくなるのです。

65 相手にほめられた時

×「とんでもない」
○「励みになります」

誰かにほめられると、謙遜の言葉として「とんでもない」と言います。
返し言葉としては、間違っていません。
「とんでもない」と言うと、ほめた側はあとの言葉が続かなくなります。
せっかくほめたのに、拒否されたように感じるのです。
お土産を持って行ったのに「結構です」と返されたような寂しさがあります。

一流の人は、「励みになります」と言います。

「励みになります」には「あなたのような方に言われたら、うれしいです」という意味も込められています。

タレントの壇蜜《だんみつ》さんは、日本語力があります。

ボキャブラリーが豊富で、今までのいろいろな経験から、言葉に対して敏感です。

ボキャブラリーの多いことが、壇蜜さんのセクシーさです。

壇蜜さんが、ある賞をとった時に「励みになります」という、美しい日本語を使っていました。

「とんでもない」は、つまらない言葉です。

ほめられて「とんでもない」と言うのは、間違った日本語ではありません。

ただ、ほめた側は切なくなります。

「励みになります」という言葉をひとつ覚えておくだけで変わります。

66 相手が趣味の話をした時

×「キッカケは、なんですか？」

○「上手くなるコツは、なんですか？」

「最近○○にハマッてるんです」という趣味の話をすると、インタビュアーの多くは、へーッと言ったあと、「きっかけは、なんだったんですか？」と聞いてきます。

日本語としては、何も間違っていません。

「きっかけは、なんだったんですか？」は、話し手が答えにくい質問です。

「普通、社交ダンスはしませんよね。プッと笑っちゃうじゃないですか。キッカケは、なんだったんですか？　私、意味わからないですけど」ということです。

ゴルフなら、きっかけを聞きません。

みんながするからです。

そんなヘンなことにハマるのは、よっぽどとんでもないキッカケが、あったに違いないと思っています。


人の趣味に、きっかけはありません。

気がついたら、していたのです。

ひょんなことから、しているのです。

きっかけは、話して面白いことではありません。

「きっかけは、なんだったんですか？」と聞く人は、相手のしていることに否定的です。

興味のある人は「コツは、なんですか？」と聞きます。

これが、興味があるということです。

「編集者をしています」という人に「きっかけは、なんだったのですか？」と聞くのは、「何かおつらいことでもあったのですか？　一般企業を落ちたんですか？」という否定的な見解が入っています。

「編集のコツは、なんですか？」は興味を持っています。

テレビ番組の『情熱大陸』や『プロフェッショナル』を見るようなノリで聞かれると、一家言持っていることを語りたくなるものなのです。

67「興味ありますか?」と聞かれた時（興味なくても）

×「どんなのですか?」
○「興味あります」

誰でも、興味のある話には食いつきます。
興味のない話には、食いつきません。
二流の人は、自分が正直に出ます。
興味のある、ないが、くっきり顔に出てしまうのです。
これは社会的に子どもです。
社会的に大人になると、興味のない話にも、興味を持った表情ができます。

「○○に興味はありますか？」と聞かれて、「興味ない」と答えるのは×です。

たいていは、「どんなのですか？」という、ニュートラルな聞き方をします。

これは△です。

隣から、「興味あります。前から気になっていたんです」と言う人が出てきたら、「どんなのですか？」は急に陳腐《ちんぷ》になります。


どんな話にも、まずは、「興味あります」から始めることです。


「○○に興味ありますか？」と言う人は、嫌いなことではなく、自分が興味のある話を振っているのです。

「興味あります」と言うところから始めることが、大切なのです。

68 相手が珍しい仕事の話をしてきた時

×「食べていけるんですか？」

○「面白そうですね」

「お仕事は何をされているんですか？」

「能面づくりをしています」

「面白そうですね」と言われたら、話したくなります。

「食べていけるんですか？」は、つらいです。

否定的です。

「こんな仕事で食べていけるんだろうか？」は心のなかで思っても、聞いてはいけないことです。

「スーパーマンって、食べていけるんですか？」とは聞かないで、「ウワーッ、ヒーローは面白いだろうな」と思えばいいのです。

世の中の仕事は、食べていくためにするものだけではありません。

好きでしている仕事もあります。

「食べていけるんですか？」は大きなお世話です。

私は、「本を書いて儲かるんですか？」という質問はされません。

「いいな、印税生活」と思われているのです。

「言うほど儲からないですよ。手間がかかるし、儲かるならもっと別な仕事をしています」と言っても、「またまたそんな余裕の発言を」と言われて、印税の計算までしてくれます。

相手の仕事に「食べていけるんですか？」と言うのは二流です。

「面白そうですね」と言うのが、一流です。

私は就活の前に、実家に帰りました。

父親に「仕事、何するん?」と聞かれました。

私は映画監督になりたいと思っていました。

「映画をやろうと思う」と答えると、「儲かれへんぞー。でも、オモロイよな」と言われました。

「儲かれへんぞー」と言われると気持ちいいです。

「儲からないけど面白い」をわかっています。

「食べていけるんですか?」は失礼です。

「ほっといてくれ」なのです。

69 話に人の悪口が出てきた時

×「そうなんですか？」

○「そうお感じになりましたか」

何人かで話をしていて、人の悪口が出てくることがあります。
これは困ります。
「そうなんですか？」は、距離をおいています。
「そうそう」とも言えずに、とりあえず悪口に巻き込まれないように、踏ん張っている言い方です。

「そうなんですか?」と言うと、「そうなのよ」とますます乗り出してきて盛り上がります。

自分は悪口を聞いていただけなのに、「あの人も悪口を言っていたよ」のグループに入ってしまうのです。

「そうなんですか?」と言うと、「そうなんですよ。聞いて。それからね」と、悪口のふたをあけてしまいます。

誰かの悪口が出たら「そうお感じになりましたか」と言うことです。

これは客観的です。

自分は、そういう見方はしていないというニュアンスが入っています。

「あの新しいホテルに行ったけど、ダメだね」と言う人に「そうお感じになりましたか」と言うのは、そういう意見もあって尊重するけど、自分は違うということです。

「そうお感じになりましたか」と言われると、その先、悪口は続きません。

「そうなんですか?」と言うと、ペラペラ悪口を言い始めた人を、周りから見てもつまらない人にします。

悪口をうまくとめることが大切です。

「私は、そうは思いません」と言うと、「私が、悪口を言い始めた器の小さい人間になっちゃったじゃないの。自分ばかりいいカッコするな」と怒られます。

「そうお感じになりましたか」と言えば、いいカッコもしないで、相手の格も下げないですませることができるのです。

70 スケジュールを決める時

× 「ご都合のいい日を教えてください」

○ 「○日か、○日はいかがですか？」

アポイントメントをとる時、二流の人は「ご都合のいい日を教えてください」と言います。

一流の人は「私は○日と○日が大丈夫ですけど、いかがですか？」と聞きます。

「ご都合のいい日を教えてください」と言うほうが、一見、相手に対して敬意を払っているように感じます。

相手が「○日はどうですか？」と言い、「その日は私が都合悪い」ということになったら、上下関係が入れかわります。

「ほかに日にちを2～3ください」では、「エッ、選ぶのはそっち？」です。

相手は、選べない立場になります。

「私は○日と○日が大丈夫ですけれども、いかがですか？」と言うと、相手に選んでもらえます。

「ご都合のいい日を2～3挙げてください」は、「私が選びますから」という意味です。

気づかいとしては、逆ということがよく起こるのです。

71 お客さまにトラブルが発生した時

×「では、どうすればいいですか?」

○「では、こうさせてください」

トラブルが発生したお客様に「では、どうすればいいですか?」と言うのは、解決策をお客様に聞いています。

「質問」は、自分の頭で何も考えていません。

納品が遅れているというクレームがお客様からくると、菓子折を持って大ぜいがぞろぞろ謝りに行きます。

「二度とこのようなことがないように」と、ひたすらお詫びするというのは、謝るだけで、すまそうとしています。

お客様にクレームを言われたことを、トラブルだと思っているのです。

トラブルという言葉の解釈を間違えています。

お客様にとっては、納期が遅れていることがトラブルです。

お客様にクレームを言われていることがトラブルだと考えている人は、ひたすら頭を下げて、きげんを直してもらって嵐が過ぎるのを待っています。

お客様が求めているのは、遅れている納期の商品をどれだけ早く入れてもらうかなのです。

謝ってもらうことではないのです。

クレームを言われたら、「では、こうさせてください」と、お客様が困っていることとの解決案を出せるのが、一流の気づかいです。

「こうさせてください」

「それでは困る」

「では、こうさせてください」

お客様がノーと言ったら「では、どうすればいいですか?」ではなく、「では、こうさせてください」と、無限にアイデアを出し続けるのです。

ホテルの研修で、クレームに対するロールプレイングをしました。

ふだんクレーム対応をしている人は、「では、こうさせてください」をどこまでも次々と出します。

教える側の私も拍手したくなりました。

あまりの神々しさに、涙が出るほどだったのです。

72 一緒に出ようと言われた時

× 「待っていたのに」

○ 「出られる時、いつでも言ってください」

上司と一緒に出る時、自分は遅れているつもりはないのに、

「おまえ、何をしているんだ。早くしろ」

「僕はあなたを待っているんですよ。いつでも出られたのに」

「オレはおまえを待っていたんだ」

ということがあります。

これは、ひと言が足りないのです。

「いつでも出られますから、準備ができたら言ってください」のひと言があれば、お互いに待合いをしないですみます。

ひと言を欠くと、気づかいの欠けたやりとりになって、「もうおまえとは行かない」とケンカになります。

上司との同行のチャンスがなくなるのです。

編集者なら、大先生と会うキッカケをなくします。

同行のチャンスを与えられないということは、大先生と仕事をするキッカケもなくなるということです。

上司との同行を面倒だと思っていると、声をかけるのも面倒になります。

こちらの準備はできていて、声をかけてもらうのを待っていることなど、上司にはわかりません。

たったひと言の節約が、チャンスを失うことになるのです。

73 トラブルを報告する時

×「○○は、どうするんですか？」

○「○○する手が、ありますすね」

トラブルを報告する側は、ストレスがかかって、「どうしましょう？」と言います。

トラブルを握りつぶされるよりはいいのですが、報告される側は、トラブルを聞いているだけです。

一流の人は「こういうトラブルが起こりました。それにはこういう手がありりますが」と解決策も一緒に報告します。

報告された側が「それ、いいね。そういうふうにして」と言うと、「早速、始めています」と言います。

トラブルがあっても、「この人は頼りになるな」と思われるのです。


二流の人は、「どうしましょう?」と、ただ報告にきているだけです。

報告された側も、解決策をすぐには思いつきません。

一流は、解決策も一緒に報告し、行動に移しています。

質問して許可をとってから動いていては、気づかいはできません。

許可をとる前に先回りするのが、気づかいです。

それが、上司の気に入らない方法のこともあります。

それでも「勝手なことをしまして、すみません」と言えるようにしておくのです。

トラブルの対処は、時間を争うことなのです。

エピローグ

74 企画を会社に持ち帰る時

× 「上司に、聞いてみます」

○ **「上司に、かけあってみます」**

著者の側から、「こんな企画はどうかな？」と提案すると、編集者は、ほぼ全員「いいですね」と言います。

そのあと決まって「上司に、聞いてみます」と言います。

企画は、自分では決められないことも多いです。

すべての企画は社内の会議を通すことになっています。

編集会議を通っても、営業会議、役員会議、社長決裁が必要な場合もあります。


一流は「上司に、かけあってみます」と言います。


「上司に、聞いてみます」は、面白いかどうか判断できませんということです。

「上司に、かけあってみます」は、「自分は面白いと思うので、上司を説得してみます」というニュアンスが入ります。

似た言葉でも、真逆に近い違いがあります。

「上司に、聞いてみます」と言う時は、どう断ろうかという、あとの返事が見えています。

「上司に、もっとほかにないのかと言われちゃいました」

「今、立て込んでいて」

というネガティブな答えの筋振りとしての枕言葉になっています。

口では「いいですね」と言っていても、ニュアンスは相手に伝わります。

「上司に、かけあってみます」と言って、かけあった結果たとえボツでも、その人への信頼感は増すのです。

【オータパブリケイションズ】
『せつないサービスを、胸きゅんサービスに変える』
『ホテルのとんがりマーケティング』
『レストラン王になろう 2』
『改革王になろう』
『サービス王になろう 2』
『サービス刑事』

【あさ出版】
『気まずくならない雑談力』
『人を動かす伝え方』
『なぜあの人は会話がつづくのか』

【学研プラス】
『シンプルな人は、うまくいく。』
『見た目を磨く人は、うまくいく。』
『決断できる人は、うまくいく。』
『会話力のある人は、うまくいく。』
『片づけられる人は、うまくいく。』
『怒らない人は、うまくいく。』
『ブレない人は、うまくいく。』
『かわいがられる人は、うまくいく。』
『すぐやる人は、うまくいく。』

【KK ベストセラーズ】
『一流の仕事の習慣』

【第三文明社】
『仕事は、最高に楽しい。』

【日本経済新聞出版社】
『「反射力」早く失敗してうまくいく人の習慣』

【総合法令出版】
『伝説のホストに学ぶ 82 の成功法則』

【ぜんにち出版】
『富裕層ビジネス　成功の秘訣』
『リーダーの条件』

【ゴマブックス】
『成功する人の一見、運に見える小さな工夫』

【サンクチュアリ出版】
『転職先はわたしの会社』

【DHC】
『あと「ひとこと」の英会話』

<恋愛論・人生論>

【ダイヤモンド社】
『なぜあの人は逆境に強いのか』
『25 歳までにしなければならない 59 のこと』
『大人のマナー』
『あなたが「あなた」を超えるとき』
『中谷彰宏金言集』
『「キレない力」を作る 50 の方法』
『お金は、後からついてくる。』
『中谷彰宏名言集』
『30 代で出会わなければならない 50 人』
『20 代で出会わなければならない 50 人』
『あせらず、止まらず、退かず。』
『明日がワクワクする 50 の方法』
『なぜあの人は 10 歳若く見えるのか』
『成功体質になる 50 の方法』
『運のいい人に好かれる 50 の方法』
『本番力を高める 57 の方法』
『運が開ける勉強法』
『ラスト 3 分に強くなる 50 の方法』
『答えは、自分の中にある。』
『思い出した夢は、実現する。』
『習い事で生まれ変わる 42 の方法』
『面白くなければカッコよくない』
『たった一言で生まれ変わる』
『健康になる家　病気になる家』
『スピード自己実現』
『スピード開運術』
『20 代自分らしく生きる 45 の方法』
『受験の達人 2000』
『お金は使えば使うほど増える』
『大人になる前にしなければならない 50 のこと』
『会社で教えてくれない 50 のこと』
『学校で教えてくれない 50 のこと』
『大学時代しなければならない 50 のこと』
『昨日までの自分に別れを告げる』
『あなたに起こることはすべて正しい』

中谷 彰宏　主な作品一覧

<ビジネス>

【ダイヤモンド社】
『50代でしなければならない55のこと』
『なぜあの人の話は楽しいのか』
『なぜあの人はすぐやるのか』
『なぜあの人の話に納得してしまうのか［新版］』
『なぜあの人は勉強が続くのか』
『なぜあの人は仕事ができるのか』
『なぜあの人は整理がうまいのか』
『なぜあの人はいつもやる気があるのか』
『なぜあのリーダーに人はついていくのか』
『なぜあの人は人前で話すのがうまいのか』
『プラス1％の企画力』
『こんな上司に叱られたい。』
『フォローの達人』
『女性に尊敬されるリーダーが、成功する。』
『就活時代しなければならない50のこと』
『お客様を育てるサービス』
『あの人の下なら、「やる気」が出る。』
『なくてはならない人になる』
『人のために何ができるか』
『キャパのある人が、成功する。』
『時間をプレゼントする人が、成功する。』
『ターニングポイントに立つ君に』
『空気を読める人が、成功する。』
『整理力を高める50の方法』
『迷いを断ち切る50の方法』
『初対面で好かれる60の話し方』
『運が開ける接客術』
『バランス力のある人が、成功する。』
『逆転力を高める50の方法』
『最初の3年その他大勢から抜け出す50の方法』
『ドタン場に強くなる50の方法』
『アイデアが止まらなくなる50の方法』
『メンタル力で逆転する50の方法』
『自分力を高めるヒント』
『なぜあの人はストレスに強いのか』
『スピード問題解決』
『スピード危機管理』
『一流の勉強術』
『スピード意識改革』
『お客様のファンになろう』
『大人のスピード時間術』
『なぜあの人は問題解決がうまいのか』
『しびれる仕事をしよう』
『しびれるサービス』
『大人のスピード説得術』
『お客様に学ぶサービス勉強法』
『大人のスピード仕事術』
『スピード人脈術』
『スピードサービス』
『スピード成功の方程式』
『スピードリーダーシップ』
『大人のスピード勉強法』
『一日に24時間もあるじゃないか』
『出会いにひとつのムダもない』
『お客様がお客様を連れて来る』
『お客様にしなければならない50のこと』
『30代でしなければならない50のこと』
『20代でしなければならない50のこと』
『なぜあの人の話に納得してしまうのか』
『なぜあの人は気がきくのか』
『なぜあの人はお客さんに好かれるのか』
『なぜあの人は時間を創り出せるのか』
『なぜあの人は運が強いのか』
『なぜあの人にまた会いたくなるのか』
『なぜあの人はプレッシャーに強いのか』

【ファーストプレス】
『「超一流」の会話術』
『「超一流」の分析力』
『「超一流」の構想術』
『「超一流」の整理術』
『「超一流」の時間術』
『「超一流」の行動術』
『「超一流」の勉強法』
『「超一流」の仕事術』

【PHP研究所】
『［図解］お金も幸せも手に入れる本』
『もう一度会いたくなる人の聞く力』
『もう一度会いたくなる人の話し方』
『【図解】仕事ができる人の時間の使い方』
『仕事の極め方』
『【図解】「できる人」のスピード整理術』
『【図解】「できる人」の時間活用ノート』

【PHP文庫】
『中谷彰宏　仕事を熱くする言葉』
『入社3年目までに勝負がつく77の法則』

【ミライカナイブックス】
『名前を聞く前に、キスをしよう。』

【パブラボ】
『ほめた自分がハッピーになる「止まらなくなる、ほめ力」』
『「ひと言」力。』

【イースト・プレス　文庫ぎんが堂】
『なぜかモテる人がしている42のこと』

【日本実業出版社】
『一流の人が言わない50のこと』
『一流の男　一流の風格』

【世界文化社】
『変える力。』
『だからあの人のメンタルは強い。』
『だからあの人に運が味方する。』
『だからあの人に運が味方する。（講義DVD付き）』

【中経出版】
『なぜあの人は感情の整理がうまいのか』

【日本経済新聞出版社】
『人は誰でも講師になれる』
『会社で自由に生きる法』

【文芸社文庫】
『全力で、1ミリ進もう。』
『贅沢なキスをしよう。』

【総合法令出版】
『「気がきくね」と言われる人のシンプルな法則』

【講談社＋α文庫】
『なぜあの人は強いのか』

【マキノ出版】
『3分で幸せになる「小さな魔法」』

【アクセス・パブリッシング】
『大人になってからもう一度受けたい コミュニケーションの授業』

【ファーストプレス】
『運とチャンスは「アウェイ」にある』

【明日香出版社】
『「出る杭」な君の活かしかた』

【きこ書房】
『大人の教科書』

【ぜんにち出版】
『モテるオヤジの作法2』
『かわいげのある女』

【サンクチュアリ出版】
『壁に当たるのは気モチイイ　人生もエッチも』

【KKロングセラーズ】
『ハートフルセックス』【新書】

【DHC】
書画集『会う人みんな神さま』
ポストカード『会う人みんな神さま』

＜面接の達人＞

【ダイヤモンド社】
『面接の達人　バイブル版』
『面接の達人　面接・エントリーシート問題集』

中谷 彰宏　主な作品一覧

【PHP 研究所】
『なぜランチタイムに本を読む人は、成功するのか。』
『なぜあの人は余裕があるのか。』
『中学時代にガンバれる 40 の言葉』
『叱られる勇気』
『40 歳を過ぎたら「これ」を捨てよう。』
『中学時代がハッピーになる 30 のこと』
『頑張ってもうまくいかなかった夜に読む本』
『14 歳からの人生哲学』
『受験生すぐにできる 50 のこと』
『高校受験すぐにできる 40 のこと』
『ほんのささいなことに、恋の幸せがある。』
『高校時代にしておく 50 のこと』
『中学時代にしておく 50 のこと』

【PHP 文庫】
『もう一度会いたくなる人の話し方』
『お金持ちは、お札の向きがそろっている。』
『たった 3 分で愛される人になる』
『自分で考える人が成功する』
『大人の友達を作ろう。』
『大学時代しなければならない 50 のこと』

【大和書房】
『結果がついてくる人の法則 58』

【だいわ文庫】
『「つらいな」と思ったとき読む本』
『27 歳からのいい女養成講座』
『なぜか「HAPPY」な女性の習慣』
『なぜか「美人」に見える女性の習慣』
『いい女の教科書』
『いい女恋愛塾』
『やさしいだけの男と、別れよう。』
『「女を楽しませる」ことが男の最高の仕事。』
『いい女練習帳』
『男は女で修行する。』

【学研プラス】
『美人力』
『魅惑力』
『冒険力』
『変身力』
『セクシーなお金術』
『セクシーな会話術』
『セクシーな仕事術』
『口説きません、魔法をかけるだけ。』
『強引に、優しく。』

【阪急コミュニケーションズ】
『いい男をつかまえる恋愛会話力』
『サクセス＆ハッピーになる 50 の方法』

【あさ出版】
『「いつまでもクヨクヨしたくない」とき読む本』
『「イライラしてるな」と思ったとき読む本』
『「つらいな」と思ったとき読む本』

【きずな出版】
『ファーストクラスに乗る人の人間関係』
『いい女は「変身させてくれる男」とつきあう。』
『ファーストクラスに乗る人の人脈』
『ファーストクラスに乗る人のお金』
『ファーストクラスに乗る人の仕事』
『ファーストクラスに乗る人の教育』
『ファーストクラスに乗る人の勉強』
『ファーストクラスに乗る人のお金 2』
『ファーストクラスに乗る人のノート』
『ギリギリセーフ』

【ぱる出版】
『セクシーな男、男前な女。』
『運のある人、運のない人』
『器の大きい人、小さい人』
『品のある人、品のない人』

【リベラル社】
『一流の話し方』
『一流のお金の生み出し方』
『一流の思考の作り方』
『一流の時間の使い方』

【秀和システム】
『なぜいい女は「大人の男」とつきあうのか。』
『服を変えると、人生が変わる。』

【水王舎】
『「学び」を「お金」にかえる勉強』

【二見書房・二見レインボー文庫】
『「お金持ち」の時間術』

【主婦の友社】
『なぜあの人は 40 代からモテるのか』
『輝く女性に贈る 中谷彰宏の運がよくなる言葉』
『輝く女性に贈る 中谷彰宏の魔法の言葉』

著者略歴

中谷 彰宏（なかたに あきひろ）

1959年、大阪府生まれ。早稲田大学第一文学部演劇科卒。博報堂に入社し、8年間のCMプランナーを経て、91年、独立し、株式会社中谷彰宏事務所を設立。人生論、ビジネスから恋愛エッセイ、小説まで、多くのロングセラー、ベストセラーを送り出す。中谷塾を主宰し、全国で講演活動を行っている。

※本の感想など、どんなことでもお手紙を楽しみにしています。他の人に読まれることはありません。**僕は本気で読みます。**

中谷 彰宏

〒170-8457　東京都豊島区南大塚2-29-7　KKベストセラーズ　書籍編集部気付
中谷 彰宏　行

※食品、現金、切手等の同封はご遠慮ください。（KKベストセラーズ）

［中谷 彰宏　公式サイト］http://www.an-web.com/

中谷彰宏は、盲導犬育成事業に賛同し、この本の印税の一部を（財）日本盲導犬協会に寄付しています。

視覚障害その他の理由で活字のままでこの本を利用できない人のために、営利を目的とする場合を除き「録音図書」「点字図書」「拡大写本」等の制作をすることを認めます。その際は、著作権者、または出版社までご連絡ください。

一流《いちりゅう》の人《ひと》のさりげない気《き》づかい
2016年4月5日　初版第一刷発行

著者　中谷《なかたに》 彰宏《あきひろ》

発行者　栗原武夫

発行所　KKベストセラーズ

〒170-8457　東京都豊島区南大塚2-29-7

電話　03-5976-9121(代表)

http://www.kk-bestsellers.com

印刷所　錦明印刷株式会社

製本所　株式会社積信堂

DTP　株式会社オノ・エーワン

定価はカバーに表記してあります。乱丁・落丁がありましたらお取替えいたします。

ISBN978-4-584-13710-9　C0095